Friedrich Wilhelm Ruestow

Zur Warnung vor den Kompensationen in der preussischen Militärfrage

Friedrich Wilhelm Ruestow

Zur Warnung vor den Kompensationen in der preussischen Militärfrage

ISBN/EAN: 9783743385474

Hergestellt in Europa, USA, Kanada, Australien, Japan

Cover: Foto ©ninafisch / pixelio.de

Manufactured and distributed by brebook publishing software (www.brebook.com)

Friedrich Wilhelm Ruestow

Zur Warnung vor den Kompensationen in der preussischen Militärfrage

Zur Warnung

vor den

Compensationen in der preussischen Militärfrage.

Sechs Briefe an einen Abgeordneten

von

W. Rüstow
Oberst-Brigadier.

Hamburg
Otto Meißner.
1863.

Aufgeschnittene und beschmutzte Exemplare werden nicht zurückgenommen.

Zur Warnung

vor den Compensationen in der preußischen Militärfrage.

Sechs Briefe an einen Abgeordneten

von

W. Rüstow
Oberst-Brigadier.

Hamburg

Otto Meißner.

1863.

I.

Wildbad, den 16. October.

Geehrter Freund!

In Ihrem letzten Briefe sagen Sie, daß es bei dem jetzigen Stande der Militärfrage an der Zeit sein möchte, wieder ein wenig die Gedanken zu sammeln und zuzusehn, was eigentlich bisher e r r e i ch t sei, was noch erreicht werden m ü ß t e, wie es erreicht werden s o l l e, vor welchen Gefahren man sich augenblicklich und zwar in der Kammersitzung von 1863 vorzugsweise zu h ü t e n habe.

Suchen wir uns den geschichtlichen Gang der Dinge ein wenig ins Gedächtniß zurückzurufen, was immer das Beste ist, um zu klaren Anschauungen zu gelangen.

Im Jahre 1860 trat das Ministerium S ch w e r i n mit seiner neuen A r m e e o r g a n i s a t i o n, die nunmehr hinreichend bekannt ist, vor die preußischen K a m m e r n. Dieser eigenste Ausdruck der Gedanken des Königs W i l h e l m s I., des damaligen Regenten will das Werk vollenden, dem seit der mit 1814 beginnenden Reaction in Preußen zugestrebt worden ist, die zuerst systematisch discreditirte L a n d w e h r gänzlich — wenn auch nicht dem Namen nach — beseitigen und, damit ich mich eines der beliebten Kammerausdrücke, die ich mir neuerdings notirt habe, bediene: „den Schwerpunkt der Macht in die Linie, das sogenannte st e h e n d e H e e r verlegen."

Das preußische Volk erklärt sich **gegen** die Reorganisation, nicht blos aus finanziellen Gründen. Die Kammer darf nichts von ihr wissen wollen. Da ihr aber beständig vorgehalten wird, Preußen müsse sich mit aller Macht und besser als bisher gegen das **Ausland rüsten**, es müsse sich rüsten, um seiner **politischen Mission** in Deutschland genügen zu können, so bewilligt sie provisorisch, behufs einer „erhöhten Kriegsbereitschaft," zu dem bisherigen Militärbudget noch 9½ Millionen Thaler.

Ich machte implicite sofort im Jahre 1860 anfangs auf die Gefährlichkeit dieses Zugeständnisses in meiner Broschüre „die Wahrheit über den preußischen Wehrgesetzentwurf" aufmerksam, indem ich namentlich darauf hinwies, wie eine anfangs 1859 erschienene officiöse Broschüre, „der Militärstaat" offenbar die **wahre** Bedeutung der Absichten entwickelte, welche die preußische Regierung mit der **neuen** Heeresorganisation verfolgte, darauf hinwies, wie die Regierung mit den für eine provisorische Formation bestimmten Geldern eine Formation schaffen würde, die ganz den Character einer definitiven tragen würde und die es nun sehr schwierig sein würde, wieder wegzuschaffen. Beati possidentes. Die Regierung sah ich voraus würde sich „im Besitz" fühlen und nun die **Angriffe** späterer Kammern mit Ruhe erwarten.

An einem andern Orte, es war in den **Grenzboten**, machte ich sehr beiläufig und in der allerbescheidensten Weise auf den Character und die Meinungen des gegenwärtigen Königs Wilhelms I. aufmerksam. Ich konnte nicht begreifen, daß man diesen Mann plötzlich für die Krone aller **constitutionellen** Kronenträger erklären könne; ebensowenig konnte ich es begreifen, als ich jemals begriffen hatte, daß man den Papst Pius IX. zum Träger eines neuen Protestantismus machen wollte. Ich erinnere mich des heftigen Geschreis, welches sich in demselben Blatte, in dem ich meine bescheidnen Zweifel daran erhob, daß **Wilhelm I.**, der Mann, an dessen Wohnung man 1848 **Nationaleigenthum** geschrieben, der Deputirte von **Wiersitz**, der unvergleichliche Feldherr im badischen Kriege, sich plötzlich wie ein Handschuh umgekehrt haben sollte, — welches also in demselben Blatte sich gegen meine Zweifel aufthat. Mein vernünftigstes Wort **dagegen** ward nicht aufgenommen. Die Leute litten an einer bedauernswerthen Tollheit. Sollte dieselbe noch existiren, seitdem sich meine Zweifel in so schneller und schlagender Weise als begründet erwiesen haben? Dann freilich ist nicht zu helfen.

Oft genug habe ich es hören müssen, man dürfe die Person des Königs in einem constitutionellen Staate nicht in die **Discussion** ziehen. — Aber, wie dann, wenn sie sich **selbst** in die Discussion mischt? wenn der Staat gar kein constitutioneller Staat ist? Preußen ist sicherlich noch kein **constitutioneller Staat**, sondern will es erst **werden**. Bis dies Ziel wirklich erreicht ist, gehört die Person des Königs sehr ernstlich in die **Discussion**.

Ich schweife nicht von meinem Object ab, aber ich will auch von der scheinbaren Abschweifung zurückkommen.

Die preußische Regierung bildete 1860 alsbald ein Heer nach dem neuen Schema und zwar so, daß die Reorganisation gänzlich als eine **definitive** behandelt ward, namentlich durch die Heranbildung von **Berufsofficieren** für das neue Heerwesen ward ganz und gar darauf hingewirkt, die Schwierigkeiten einer Wiederbeseitigung zu häufen. In einem großen ganz wissenschaftlich gehaltenen Werke, in dem auch der Verstockteste keine „Malice" oder „persönliche Bosheit" herauslesen könnte, welches im Jahre 1853 und 1854 geschrieben ward, im letztern Jahre erschien, in meinen „Untersuchungen über die Organisation der Heere," die Ihnen hinreichend bekannt sind, habe ich bereits den ganzen preußischen Militärstreit **im Voraus erzählt**, so wie er gekommen ist und die Gründe, aus denen er gekommen ist. Man kann getrost die betreffenden Capitel aus diesem Buche jetzt wieder abdrucken und sicher sein, daß die meisten Leute glauben werden, sie seien **ganz speciell** mit Bezug auf die Lage von 1862 und 1863 geschrieben.

Im Jahre 1861 begnügte sich die liberale Regierung wieder mit der **extraordinären** Bewilligung eines Zuschusses, der sie in den Stand setzte, die neue Heeresorganisation, die **sie als eine definitive** von Anfang an betrachtet, die das Volk **nie als eine solche anerkannt hatte**, immer mehr zu einer definitiven zu machen, d. h. die Schwierigkeiten immer mehr zu häufen, die sich ihrer Wiederabschaffung in den Weg stellen konnten.

Im Jahre 1862 nun legte die Regierung dem neuen Abgeordnetenhause, welches zusammentrat, ein Militärbudget vor, in welchem die neue, jetzt von der Regierungsseite bereits consolidirte, Militärorganisation als eine definitive betrachtet wurde, in welchem folglich die bisher nur vorübergehend und unter dem Vorbehalt der Wiederabschaffung extraordinär für eine höhere Kriegsbereitschaft, — im Sinne der Regierung für die **Schöpfung neuer Truppenkörper des Linienheers**, über welches sie die unbedingteste Disposition hat, — bewilligten Gelder in das **Ordinarium** aufgenommen waren.

Die Regierung sagte: die neue Organisation **ist jetzt ein Definitivum, und ihr, Abgeordnete, könnt daran nichts mehr ändern**. Sie wollte zugleich dem Abgeordnetenhaus eine sogenannte „Novelle" zu dem Heeresgesetz vom 3. Sept. 1814 vorlegen, deren ganzer Inhalt eigentlich die gesetzliche Feststellung der **dreijährigen Dienstzeit bei der Fahne (Ausbildungspräsenz)** für die Wehrpflichtigen war, während diese Novelle nicht im Mindesten etwas über die **Gesammtleistung der Nation für die Wehrfähigkeit des Landes** sagte, das Contingentsgesetz absolut bei Seite ließ, ja implicite für die

Regierung ganz einseitig das Recht in Anspruch nahm, von der großen Masse der Wehrpflichtigen soviele als sie wollte, jährlich einzustellen, das Recht in Anspruch nahm, soviele Bataillone und Regimenter als ihr beliebte und gutdünkte, in dem Linien= heer neu zu schaffen, ohne daß dem Abgeordnetenhause die Ein= sprache frei stände, ohne daß seine Zustimmung nothwendig sei.

Dies ist nun aber eine sehr wichtige Budgetfrage.

Aus 100,000 M., welche die preußische Regierung im Linienheer bei den Fahnen hat, kann sie 200 Bataillone 2c., sie kann 300, 400 Bataillone 2c. daraus formiren.

Die Zahl der Wehrpflichtigen, die im Linienheere dienen, bleibt in allen Fällen die gleiche, — aber die Zahl der Bataillone verdoppelt sich beispielsweise, dann verdoppelt sich auch die Zahl der Cadres, insbesondere die Zahl der Berufsofficiere, welche diese Cadres befehligen. Eine doppelte Zahl der Berufsofficiere macht für diesen Theil des Budgets eine doppelte Besoldung nothwendig. Mir ist es daher vollständig unbegreiflich, wie der Abgeordnete Gneist in seiner Broschüre: „die Lage der preußischen Heeresorganisation am 29. Sept. 1862" auch nur einen Augen= blick zugeben kann, daß es zunächst Formationsfrage sei, ob ein Bataillon 4, 6 oder 8 Compagnien enthalte; dies ist nicht im Mindesten Formationssache. Sie muß vielmehr das Budget, d. h. die Gesetzgebung berühren, da es gar nicht gleichgültig ist, ob auf ein Bataillon von 1000 M. oder 600 M. oder wie stark es sonst sein möge, 4, 6, 8 Compagniechefs, 12, 18 oder 24 Lieutenants mit den hergebrachten Besoldungen dieser Grade kommen. Das ist nicht im mindesten gleichgültig.

Ganz abgesehen von dem finanziellen Standpunkt ist es aber auch nicht gleichgültig, ob eine Regierung, der das Volk nicht traut, sich dem Volke gegenüber nur 5000 oder ob sie sich 10,000 ihr durchaus ergebene, von ihr ganz abhängige Satelliten schafft.

Der ursprüngliche Plan der Regierung war, dem Abgeordnetenhause vom Januar 1862 zuerst nur die „berüchtigte" Novelle vorzulegen. Habe sich durch deren Annahme das Abgeordnetenhaus selbst die Hände gebunden, dadurch anerkannt, daß es nichts darüber zu bestimmen habe, wieviel Soldaten, wieviel Officiere verschiedener Grade die Regierung jahraus jahrein bei den Fahnen halten wolle, daß es folglich sein Steuerbewilligungsrecht a u f g e b e , dann wollte man ihm das Budget, in welchem nun die bisher provisorisch bewilligten Gelder für eine höhere Kriegsbereitschaft in das Ordinarium übertragen waren, vorlegen. Dann mußte es auch dieses Budget consequenter Weise annehmen, damit erkannte es die bisherige provisorische Organisation als d e f i n i t i v e an — und Alles war gesagt. Von einer preußischen Verfassung hätte kein Mensch mehr reden können.

Das Abgeordnetenhaus erkannte die ihm gestellte Falle sofort und — p a r i r t e d e n S t r e i c h.

Es verlangte:

erstens: keine Berathung über die Novelle ohne gleichzeitige Vorlegung des Budget;

zweitens: größere Specialisirung des Etats, damit man sähe, was auf die alte, allgemein anerkannte, was auf die neue, keineswegs a n e r k a n n t e, sondern vom Volke ganz entschieden v e r w o r f e n e Organisation komme.

Der Hagen'sche Antrag, welcher speciell sich auf diesen Punkt bezog, mit großer Majorität vom Abgeordnetenhause angenommen, führte zu dessen A u f l ö s u n g.

Der Kammerauflösung folgte auf dem Fuße die Entlassung des alten — sogenannten l i b e r a l e n Ministeriums und die Creirung eines neuen total reactionären Commisministeriums unter dem Präsidium des Herrn v o n d e r H e y d t, den man damals noch für so dauerhaft als bestes Juchten hielt.

Dann neue Wahlen, die, obwohl von dem Commisministerium Alles geschah, um sie zu fälschen, doch wieder alle die Abgeordneten in die Kammer brachten, welche sich **gegen** die militärischen Velleitäten des Königs erklärt hatten und sie **deshalb** in die Kammer brachten, weil sie sich dagegen erklärt hatten. **Das preußische Volk that seine Schuldigkeit, wie es sie immer thun wird, wenn man auch bisweilen an ihm zweifeln möchte.**

Da nun der Ausfall der Wahlen bekannt war, so beschloß das Commisministerium von der Heydt, dem neuen Abgeordnetenhause gar nicht mehr die „Novelle", sondern nur noch das Budget vorzulegen, in welchem die **Mehrkosten** der Reorganisation ins Ordinarium aufgenommen waren. Das Princip sollte also **nicht** zur Sprache gebracht, sondern völlig bei Seite gelegt werden. Indessen hatte man dem Volke den Willen gethan, ein **specialisirtes** Budget zu entwerfen, nachdem man sich anfänglich sehr dagegen gesträubt und die Sache für unmöglich erklärt hatte.

Als im September das Militärbudget in seiner neuen Gestalt an die Kammer kam, da sonderte dieselbe nach dem Antrage ihrer Commission alle Mehrausgaben für die neue Organisation von den alten gebräuchlichen und **strich einfach alle ersteren.**

Nun wurde es auch dem **juchtenen von der Heydt**, diesem dauerhaften Manne, etwas schwül, und er zog sich aus dem Gewühle des Marktes in die Stille des Landlebens zurück. An seine Stelle trat Herr von Bismark-Schönhausen. Das Herrenhaus beging die Unbesonnenheit, das vom Abgeordnetenhause angenommene Budget zu verwerfen **und das vom Ministerium vorgelegte für angenommen zu erklären.** Das Abgeordnetenhaus antwortete darauf mit dem selbst nach der preußischen Verfassung durchaus verfassungsmäßigen Beschluß, den zweiten Theil des Herrenhausbeschlusses **für null und nichtig** zu erklären, weil er eben **total, selbst** nach der preußischen Constitution für verfassungswidrig erklärt werden muß.

Herr von Bismark-Schönhausen ohne Budget für 1862 konnte es nicht für angemessen halten, erst große Erörterungen über das Budget für 1863 herbeizuführen. Er schloß also für 1862 die Sitzung des Abgeordnetenhauses, um sich zu besinnen.

Was nun? fragt alle Welt. Herr von Bismark-Schönhausen hat sich hoffentlich dieselbe Frage auch schon vorgelegt.

Es ist mehr als je am Orte sich ein wenig über die Persönlichkeiten zu orientiren.

Mit vollem Rechte hat der König Wilhelm I. einmal gesagt, daß man ganz mit Unrecht von einer Roon'schen Reorganisation rede. Die Reorganisation sei **sein** eigenster Gedanke. Dies ist vollständig richtig.

Diesem Herrn ist, wie ein Blatt neulich ganz richtig bemerkte, die dreijährige Dienstzeit gerade so gut ein Dogma, wie dem Papste die unbefleckte Empfängniß der Mutter Mariä, und über ein Dogma läßt sich nicht streiten.

Man kann kaum annehmen, daß auch andere leitende Geister in Preußen an dieses Dogma religiös glauben. Es ist nicht möglich, weil so etwas Dummes gar nicht denkbar ist. Man hat mir gesagt, — Sie selbst, wenn ich nicht sehr irre, — haben mir geschrieben, daß Herr von Roon sich über die „Novelle," die ich in meinem „preußischen Militärbudget für 1862" der seinigen gegenüberstellte „amüsirt" habe.

Sehn Sie, ich zähle Herrn von Roon gar nicht zu den dümmsten der Sterblichen. Ich glaube nicht, daß er auch nur im Mindesten so dumm ist, als die dummen Geister, welche er in den militärischen Blättern des Hauptmanns v. Courbière oder in der Militärliteraturzeitung des seeligen Blesson, die würdig fortgesetzt wird, gegen mich heraufbeschwört.

In diesem edlen zuletzt genannten Blatt, welches neulich eine „Recension" über mein „Militärbudget für 1862" losgelassen hat, ist gesagt, daß ich schon öfter „angedeutet" habe, ich schwärme für ein Milizsystem. Mein Gott, so dumm, dergleichen zu sagen, ist Herr von Roon nicht. Er weiß recht gut, daß ich meine „Untersuchungen über die Organisation der Heere" geschrieben habe, daß ich das Buch „der Krieg und seine Mittel" geschrieben habe, daß ich zwanzig Mal für den Kundigen gerade **bewiesen** habe, auf wie faulem Grunde unsere ganzen jetzigen Heereseinrichtungen beruhen. Roon weiß, daß ich durchaus nicht angedeutet, sondern daß ich **gezeigt** habe, was kommen **muß** und sogar **bald** kommen muß; er weiß, daß meine der seinigen gegenübergestellte Novelle, blos eine Consequenz nicht meiner bescheidenen Schriften, sondern der Geschichte ist. Aber er weiß auch, daß die Geschichte nicht mit Siebenmeilenstiefeln läuft, — was ich freilich auch weiß. So lange ich Kriegsminister bin, denkt Roon, kommt der noch lange nicht durch. So „amüsirt" er sich über meine Novelle.

Wenn Thersites den Achill oder den Odysseus anbellt, so sollen Achill oder Odysseus schweigen.

Thersites-Roon bellt nicht einmal selbst, er läßt seine Thiere, die getreuen Insassen seiner Menagerie, die Tricheurs der militärischen Blätter und die Maulesel der verstorbenen Bleison'schen Militärliteraturzeitung bellen, brüllen, yaen u. s. w. Ich sollte erst recht schweigen. Mein Gott, ich thue es ja auch. Aber, so leicht ist das nicht, wenn die Professoren und die Doctoren der Fortschrittspartei selbst mit einer gewissen Wohlgefälligkeit sich das Affen- und Eselsgeschrei der militärischen Blätter und der Militärliteraturzeitung aneignen und ihren ganzen Stolz darin setzen, diese famosen Thierstimmen täuschend nachzuahmen.

Herr von Bismark-Schönhausen, der jetzige Leiter der europäischen Geschicke, debütirte als Vertreter der reinen Junkerpartei. Er war der einzige geistreiche Junker, den es 1848 gab.

Herr von Bismark-Schönhausen ist seiner Natur nach Berliner Gamin. Dies ist nicht etwa ein Vorwurf, sondern ein Lob. Preußen hat vier Herrscher gehabt, welche ihre Zeit verstanden, weil ihre Zeit ihnen entgegenkam. Diese vier Herrscher folgten unmittelbar auf einander, sie waren der große Churfürst, Friedrich I., Friedrich Wilhelm I., Friedrich der Große. Wie es gewöhnlich zu geschehen pflegt, war der letzte von ihnen der größeste. Niemand wird aber läugnen wollen, daß die größte Eigenschaft Friedrichs des Großen diese war, daß er ein Berliner Straßenjunge war. Wäre er nicht ein Berliner Straßenjunge gewesen, so hätte er niemals Schlesien erobert und niemals den siebenjährigen Krieg zu Ende geführt. Die Nachfolger Friedrichs des Großen bis auf den heutigen haben ihre Zeit nicht mehr verstanden, weil die Zeiten sich änderten, sie aber in dem Verständniß der alten Zeit feststecken blieben.

Herr von Bismark hat in seiner Stellung als Gesandter in St. Petersburg, dann in Paris Vieles gesehen. Auf dem bornirten Junkerstandpunkt steht er durchaus nicht. Seit lange schrieb man ihm das Project zu, Preußen in Deutschland dieselbe Rolle spielen zu lassen, wie sie Sardinien in Italien gespielt hat, Rußland und Frankreich sollten mit ins Spiel gezogen werden auf Seite Preußens, wofür ihnen dann wieder von diesem Concessionen gemacht werden sollten. Frankreich sollte durch das linke Rheinufer befriedigt werden.

Da zur Vertheidigung der neuen Heeresorganisation anfangs immer hervorgehoben worden ist, Preußen brauche dieselbe, um seine militärische Mission nach außen zu

erfüllen, woran es nur durch die Fessel eines Landwehr=
systems bisher gehindert worden sei, so konnte man bei der Be=
rufung des Herrn von Bismark an die Spitze des Ministe=
riums glauben, die Erfüllung der Mission solle nun beginnen.

Allerdings habe ich nie daran geglaubt. Wie Sie wissen
habe ich von vornherein behauptet und nachgewiesen, daß es bei
der neuen Organisation vielmehr als auf äußere auf andere, auf
die „inneren" Feinde nicht Preußens aber seiner Regierung
abgesehen sei, wie es ja auch jetzt der König Wilhelm I. selbst
ausgesprochen hat. Der Gebrauch gegen außen hatte in meinen
Augen nur die Bedeutung gehabt, daß die preußische Regierung
durch ihn die neue Heeresorganisation in den Augen des Volkes
rechtfertigen wolle, während sie immer hauptsächlich ihren
andern Sinn, ihre andere Richtung behält. Obgleich ich viel
davon gehört habe, daß der König vom Dogma der Legitimi=
tät keineswegs so stark beherrscht werde, als von dem der drei=
jährigen Dienstzeit und als er selbst es äußerlich sagt, daß
er sich wenn er nur die Durchführung sicher sähe, durchaus nicht
so gar scheuen würde, seinen Herrn Vettern auf den verschiedenen
Thronen Deutschlands eine andere als ihre souveräne Stellung
anzuweisen, so kann ich doch darauf nicht so großen Werth legen.

Die Schwierigkeiten sind eben zu große. Der König wird
sich nicht getrauen, sie überwinden zu wollen.

Preußen ist keine Großmacht mehr gegen außen.
Die politischen Verhältnisse in Europa haben sich zu stark ge=
ändert, als daß es mit seiner Einwohnerzahl noch jetzt die Groß=
machtsstellung behaupten könnte, zumal es der preußischen Re=
gierung noch viel zu viel und zu ausschließlich darauf ange=
kommen ist, ihre Großmachtsstellung gegen das eigne Volk zu be=
haupten. Preußen könnte nur wieder eine Großmacht werden,
wenn es durch Anschluß des übrigen Deutschlands seine Ein=
wohnerzahl mindestens verdoppelte. Dabei würden beide Theile

gewinnen, beide, auch Preußen würde dadurch erst der Vortheile theilhaftig werden, welche ein großer Staat allem Volke gewährt, das darin wohnt.

Aber die nur auf die Waffengewalt gebaute Eroberung des übrigen Deutschlands durch Preußen ist ohne die vorgängige Eroberung der Herzen und Geister im übrigen Deutschland, so leicht sie mit dieser sein würde, höchst schwierig, würde schwerlich mit Erfolg gekrönt werden. Preußen hat nichts gethan, um die Herzen und Geister im übrigen Deutschland für sich zu erobern; ganz im Gegentheil. Wollte es sich für die Eroberung mit Waffengewalt gegen Frankreich den Rücken durch die Abtretung des linken Rheinufers decken, so scheint mir dies absolut unmöglich. Die Habsburger mögen das linke Rheinufer abtreten können, ohne sich unmöglich zu machen; die Hohenzollern können es nicht, sie würden sich das Todesurtheil sprechen, die nächste allgemeine Volkserhebung in Deutschland würde sie für immer beseitigen.

Zur Eroberung Deutschlands braucht Preußen noch weit mehr als eine neue Heeresorganisation eine andere Vorbereitung: das kräftige und aufrichtige Vorschreiten auf dem Wege der Freiheit und ein festes dauerhaftes politisches Programm. An Beidem fehlt es gänzlich.

Als Herr von Bismark an die Spitze der Regierung berufen ward, da theilte ich aufrichtig gesagt, die Meinung über sein Auftreten nicht, welche Sie über ihn aussprachen. Sie sahen in ihm auch jetzt nichts als den Vertreter des Junkerthums, der sich berufen fühlen werde, dessen Herrschaft zu erhalten und zu kräftigen. Ich glaubte, er werde allerdings nicht im Sinne der Freiheit, aber doch mit einem großen Plan und mit großen Mitteln kommen. Obwohl ich auch jetzt noch nicht ganz Ihrer Meinung sein kann, muß ich nun doch sagen, daß Sie keineswegs völlig unrecht gehabt haben.

Bisher hat Herr von Bismark von Mitteln nichts anzuwenden gewußt, als die alten Mittel der Reaction von 1848 bis 1850: er arbeitet daran, das **preußische Volk** über dessen eigne Meinung zu **täuschen** durch die Confiscation von Druckschriften, die kleinliche Verfolgung von Abgeordneten, die der Regierung Opposition machen, durch die Berufung der mittelalterlichen Provinzialstände, welche dem Abgeordnetenhause gegenübergestellt werden, durch das Zusammentreiben von antediluvianischen Deputationen, bestehend aus steif gefrornen Junkern, betrunkenen Schulzen und Kossäthen, schlecht besoldeten subalternen Beamten, die einfach commandirt werden, blödsinnigen Pastoren — Deputationen, welche dem König hirnverbrannte Loyalitätsaddressen überreichen und denen er höchst merkwürdige und characteristische Antworten giebt, aus denen hervorgeht, daß er nur seine Meinung für die richtige und darum auch die Meinung dieser Eselsaddressen, die einfach Ja brüllen für die **wahre Volksmeinung** hält.

Herr von Bismark läßt **nicht** die Blätter verfolgen, welche das Abgeordnetenhaus eine „vermeintliche" oder „sogenannte" Volksvertretung nennen, nur diejenigen, welche einer ganz entgegengesetzten Anschauung huldigen. Aber Ihr, Ihr Herren Abgeordneten, ich kann es nicht begreifen, wie Ihr die Sache so ruhig hingehen laßt. Im Allgemeinen ist es gewiß ganz schön, daß wir die Pamphlete, welche über uns geschrieben werden, selbst an unseren Häusern zur Ausstellung bringen. Aber es giebt doch gewiß Ausnahmsfälle und ein solcher liegt hier sicher vor. Ich erinnere Euch an die **Maulwurfsarbeit** der Junkerpartei von 1848. Sie wurde von Euch auch sehr unrichtiger Weise mit Verachtung gestraft. Wohin sie führte, ist Euch Allen nur zu sehr bekannt. Warum denselben Fehler zum zweiten Mal begehen? Warum nicht unerbittlich, mit allen Mitteln der drohenden Fälschung der Volksmeinung **entgegenarbeiten?**

Das Programm Bismarks lese ich mit großer Deutlichkeit aus verschiedenen Reden heraus, welche er in neuester Zeit gehalten hat. Er sagte etwa: solche Conflicte, wie jetzt einer zwischen dem Abgeordnetenhause und der Regierung (oder der Krone) bestehe, kämen in allen constitutionellen Staaten vor. Man solle nur nicht zu viel Aufhebens davon machen. Er begreife nicht, daß man die Sache so sehr tragisch auffasse oder sich den Anschein gebe, sie so sehr tragisch aufzufassen. Ersichtlicher Weise liege eine Machtfrage vor: es sei natürlich, daß die Regierung soviel Macht haben wolle, als sie nur erlangen könne, es sei natürlich, daß die Volksvertretung soviel Macht haben wolle, als sie nur erlangen könne. Es handle sich jetzt darum, wer durchbringe, wer wirklich die größte Macht habe, ob einer von beiden Theilen seinen Willen ganz durchsetze, oder ob jeder von beiden ein Loch zurückstechen müsse.

Es ist ungemein klar, daß Herr von Bismark in diesem Machtstreite seiner Stellung nach für die Machterhaltung oder Machtvermehrung der Krone kämpfen muß.

Der Sinn der neuen Heeresorganisation im Verhältniß zu der alten, seit vier Jahrzehnten oder noch länger scheußlich benagten, ist unzweifelhaft der, daß sie eine größere, absolut und factisch durchaus zur Disposition der Regierung — auch gegen das eigne Volk — stehende Streitmacht liefert, als die alte.

Es ist also klar, daß Herr von Bismark die neue Heeresorganisation vertheidigen muß; wobei junkerliche Prädilectionen mit unterlaufen können, wahrscheinlich mit unterlaufen werden, aber gar nicht einmal mit unterlaufen müssen.

Aber ich halte Herrn von Bismark für viel zu gescheidt als daß er das Wesen und den Sinn der neuen Heeresorganisation grade in der dreijährigen Dienstzeit bei der Fahne suchen sollte. In der Kammer hat man sachlich immer eigentlich nur

die zweijährige Dienſtzeit verlangt. Ja man hat ſich viel=
fach bereit erklärt, für die Bewilligung der geſetzlichen
Regelung der zweijährigen Dienſtzeit — oder für noch weniger,
wovon ein andermal — „Compenſationen" zu gewähren.
Dieſe Compenſationen können nun meines Erachtens — das
Intereſſe der Freiheit und des Volkes erwogen, — viel verderb=
licher wirken als die Beibehaltung der dreijährigen Dienſt=
zeit; für Herrn von Bismark und das von ihm vertheidigte
Syſtem aber müßten ſie viel angenehmer ſein als die Aufrechter=
haltung der dreijährigen Dienſtzeit.

Ich kann es daher kaum bezweifeln, daß er verſuchen wird
den König Wilhelm von ſeinem Dogma der dreijährigen
Dienſtzeit zurückzubringen und daß er dann mit allen zehn Fin=
gern nach den Compenſationen greifen wird, wobei er dem
Abgeordnetenhauſe die Meinung gern laſſen wird, als habe es
einen großen Sieg erfochten.

Vor dieſen Compenſationen möchte ich nun grade
warnen, und dies wird wohl am beſten geſchehn, wenn Sie dieſe
kleine Reihe von Briefen wieder einmal drucken laſſen. Wenn
dann Herr von Bismark es nicht für nöthig hält das Büchlein
wieder confisciren zu laſſen, oder wenn Herr von Roon ſich
daſſelbe, nachdem es confiscirt iſt, auf Privatwegen etwa von
einem von uns Beiden verſchafft, ſo wird auch dieſer geehrte Herr
wieder ein kleines Amuſement haben, welches ihm wohl zu
gönnen iſt.

II.

Neuſtadt, den 23. October.

Geehrter Freund!

Mit völlig geheiltem Fuße hier eingetroffen, habe ich bereits
Ihren Brief vorgefunden. Die Gneiſt'ſche Broſchüre, welche Sie

mir schon früher übersandten, habe ich mit großem Interesse gelesen. Sie vertritt wohl so ziemlich die Ansichten der großen Mehrheit der **Fortschrittspartei**, welche einmal herkömmlich gewordene Bezeichnung ich beibehalte, obwohl Sie von derselben nicht recht mehr etwas wissen mögen. Dies erhöht den Werth der Broschüre. Sie hat mir aber nur doppelte Lust gemacht gegen die **Compensationen** auch öffentlich mich vernehmen zu lassen, weil sie mir die Nothwendigkeit der Warnung vor ihnen doppelt klar gemacht hat.

Sie meinen, man müsse in der Frage der Militärorganisation drei Gesichtspunkte festhalten, den **politischen**, den **finanziellen** und den **rechtlichen**. Ich sage, wir wollen zwei Gesichtspunkte festhalten, den **formellen** und den **sachlichen**. Diese Unterscheidung scheint mir für die gegenwärtige Lage der Dinge die **klarere** und **practischere** und ich hoffe, daß Sie mir darin beistimmen werden.

Indessen, ehe ich mich weitläufiger darüber äußere, lassen Sie mich eine allgemeine Bemerkung vorausschicken.

Mir scheint es, als könne Niemand ein Staatsmann sein, dem nicht bei jeder Einzelfrage eine höhere allgemeine Idee vorschwebt, der nicht in jedem Moment der Geschichte an dessen Arbeit er mitwirkt, ein **Stück** Geschichte und folglich die **ganze** Geschichte überschaut.

Ich that einst den Ausspruch, die **Parole** der Weltgeschichte sei die **Befreiung der Massen**, einen Ausspruch, der Ihnen wie andern Freunden besonders gefiel, weil er eine nicht **wegzuläugnende** Sache in kurzen Worten zusammenfaßte. Die **Befreiung der Massen** muß eine **materielle** und **moralische**, eine **geistige** und **körperliche zugleich** sein. Weder die eine noch die andere Seite **allein** genügt.

In der gegenwärtigen Geschichtsperiode nun scheint es mir, daß deren Arbeit an der großen allgemeinen Mission sich vorzugs=

weise ausspreche und aussprechen müsse in dem Streben nach der Beseitigung der stehenden Heere.

Die Harmonie zwischen Volk und Heer, zwischen Bürger und Soldat, wie sie in den Staaten des Alterthumes bestand, muß jetzt hergestellt werden und sie ist jetzt schwerer herzustellen, als in den Staaten des Alterthumes, da in diesen die Sclaverei bestand, die in den neueren Staaten nicht besteht, da es sich in den neueren Staaten darum handelt, diese Harmonie auf unendlich viel größere Massen auszudehnen als in den Staaten des Alterthumes jemals in Betracht kamen. Diese Harmonie ist jetzt nur herzustellen durch die **Beseitigung der stehenden Heere**, dadurch, daß die **Vorbereitung wie zu dem bürgerlichen so zu dem militärischen Leben in die Schule bis zur Volksschule hinab verlegt, daß die körperliche mit der geistigen Erziehung in der Schule vereinigt werde**.

Das ehrwürdige Alter der modernen stehenden Heere darf uns nicht abhalten, an ihnen zu rütteln, denn sie sind, so splendide man rechnen mag, noch nicht zweihundert Jahre alt.

Die Stabilität der Institution der stehenden Heere darf uns nicht abhalten, an ihnen zu rütteln; denn seit den 200 Jahren haben viele Wandlungen stattgefunden, und zwischen dem stehenden Heere von vor zweihundert Jahren, in welches die Regierungen sich nur anmaßten, die für jede Friedensarbeit unnützen Vagabunden zu pressen und zwischen den auf der Conscription oder allgemeine Wehrpflicht beruhenden stehenden Heere, welches angeblich nur noch eine Waffenschule für die Nation sein soll, zwischen diesen beiden Stufen liegen viele Zwischenstufen.

Die Harmonie zwischen dem Staatsleben und der Institution des stehenden Heeres darf uns nicht abhalten an der letztern zu rütteln. Denn diese Harmonie existirt eben nicht, es existirt vielmehr die größte Disharmonie. Es ist bewiesen, daß diese Disharmonie bei der gegenwärtigen Entwicklung des Staats- und Volkslebens existiren **muß**, daß der verlangte Fortschritt zur Freiheit unmöglich ist mit der Aufrechterhaltung der stehenden Heere.

Sind das etwa Sätze die ich „angedeutet" habe? Ach nein, Sie wissen es, ich habe diese Sätze zu wiederholten Malen bewiesen. Soll ich den Beweis immer noch wiederholen? Es wird doch wohl endlich nicht mehr nothwendig sein.

Ich habe bewiesen, daß es die Aufgabe der europäischen Staaten ist, in ihren Heeresverhältnissen gegenwärtig wohlorganisirten Milizsystemen zuzustreben, daß dies nicht blos ihre Aufgabe ist, sondern daß sie auch wirklich, alle europäischen Staaten, von der französischen Revolution ab, diesem Ziele sich mit Nothwendigkeit immer mehr genähert haben. Es ist nicht meine Schuld, wenn mir in die Schuhe geschoben wird, als habe ich jemals von „Zukunftsheeren" als von unorganisirten, im Nothfall, in der Stunde der Gefahr aus dem Boden zu stampfenden Massen gesprochen. Das ist nicht meine Schuld. Es ist nicht meine Schuld, wenn mir in die Schuhe geschoben wird, als habe ich in den deutschen Schützenvereinen, Wehrvereinen, Turnvereinen einen vollständigen Ersatz für jede militärische Organisation gesehen, obwohl ich die Keime einer neuen weltgeschichtlichen und den Bedingungen des Fortschritts in der Weltgeschichte entsprechenden Wehrordnung allerdings in den Bestrebungen dieser Vereine sehe.

Kein Mensch, kein Kriegsminister hat es jemals deutlicher, entschiedener, beweisender ausgesprochen als ich, daß eine staatliche militärische Organisation durch nichts ersetzt werden, daß sie gar nicht entbehrt werden könne. Kein Mensch auf Gottes Erdboden.

Aber allerdings in der vernünftigen militärischen Organisation eines Landes ist ein stehendes Heer keine Nothwendigkeit. Eine militärische Organisation kann ohne stehendes Heer viel besser für alle Zwecke und alle Fälle sein als mit einem solchen. Daß sie besser sein müsse habe ich nie behauptet, ich grade, wie Sie wissen habe auf die Mängel bestehender Milizsysteme, wirklicher wie sogenannter, am einschneidendsten aufmerksam gemacht.

Wenn es dennoch sogar mir, dem beharrlichsten Vertheidiger der Nothwendigkeit einer militärischen Organisation — allerdings nur aus einer unerhörten Frechheit und Gewissenlosigkeit der Gegner heraus, in die Schuhe geschoben werden konnte, als rede ich einem wild aus dem Boden gestampften Chaos von Heer das Wort, so möchte ich andererseits dem Abgeordneten Gneist zurufen, er solle sich vor verschiedenen Bemerkungen über „Zukunftsheere" hüten, wie sie in seiner Broschüre in dem Zusatze über die Landwehr vorkommen. Unsere gemeinsamen Gegner werden daraus nur schließen, daß auch er gezwungen sei, Alles für gut zu erkennen, was Wilhelm I., der Kriegsminister von Roon und Consorten als gut für Preußen erkennen. Herr Gneist darf sich darauf verlassen. Ich verstehe ihn richtig, wenige werden ihn richtig verstehen können, gewisse Leute, die mit Berechnung den Dingen folgen, werden ihn nicht richtig verstehen wollen, und aus seinen Worten Deductionen herleiten, die zu unterschreiben er wenig Lust haben möchte.

Wendet man nun die Gedanken, welche ich im Allgemeinen in Bezug auf die geschichtliche Aufgabe der Entwicklung der Heeressysteme hingestellt habe, speciell auf Preußen an, so würden sich die folgenden Sätze ergeben, die das Handeln preußischer **Staatsmänner** in der Militärfrage bestimmen mußten:

1) **Preußen** hatte seit 1813 ein **Milizsystem** in seiner **Landwehr**. Die ersten Geister **Preußens** in Preußens bester Zeit betrachteten die Landwehr als das echte Fundament seiner **Heeresorganisation**.

2) Das sogenannte **stehende Heer** oder die **Linie** sollte nach dem Grundgedanken nur eine **Waffenschule** sein. Die **Waffenschule** trat aber auf in der Gestalt eines **stehenden Heeres**, weil eine Zeit sich von der nächst vorhergegangenen nie mit Leichtigkeit radical losreißt, weil das stehende Heer 1814 seit etwa anderthalb Jahrhunderten die Form gewesen war, in welcher die Idee der militärischen Staatsorganisation sich ausprägte.

3) Um dem Geiste des Fortschrittes zu huldigen, mußte nun in **Preußen** darauf hingearbeitet werden, daß die **Landwehr** immer weiter und so entwickelt wurde, daß sie die gesammte Heeresorganisation umfaßte, während der **Waffenschule** für die Landwehr immer mehr der Character eines **stehenden Heeres** zu nehmen war, indem man immer mehr in der allgemeinen Jugenderziehung, die bürgerliches und militärisches **vereinte**, die Vorbereitung auch auf den Waffendienst suchte, in sie den **Schwerpunkt der militärischen** Erziehung, wie der **bürgerlichen** verlegte.

Diese Sätze stehen so **unumstößlich** fest, wie irgend eine Wahrheit stehen kann. Sie mußten das Fundament der Militärpolitik **Preußens** bilden.

Statt dessen ist ein umgekehrter Weg verfolgt worden. Lange ehe **Stahl** predigte, daß die Wissenschaft umkehren müßte, ist die preußische Militärpolitik umgekehrt, indem sie die Fundamente der Landwehrverfassung **untergrub** und den Schwerpunkt der militärischen Organisation in die **Linie** zurückzuverlegen strebte. Diesem **eminent reactionären** Werke soll durch die Neu=

organisation des Königs Wilhelms I., — wir dürfen dem Herrn den Anspruch auf die Erfindung, den er mehrfach erhoben hat, nicht bestreiten, — die Krone aufgesetzt werden. Dies ist die allgemeine Anschauung, von der ein preußischer Staatsmann nach meinen Begriffen ausgehen muß. Nach andern Begriffen freilich versteht man unter einem Staatsmann einen Menschen, der gar keine allgemeinen Gesichtspunkte h a t, der die Geschichte v e r a ch t e t oder sie höchstens benutzt, um sie zu v e r p f u s ch e n und zu e n t s t e l l e n, der aus der Hand in den Mund lebt und es als seine höchste Aufgabe betrachtet, M i n i s t e r zu werden oder Minister zu b l e i b e n.

Mit s o l ch e n Staatsmännern rede ich natürlich nicht. Habeant sibi! Sie purzeln beim ersten Windstoß kopfüber, wie die P u p p e n eines Marionettentheaters, — und sind dann noch dumm genug, sich darüber zu verwundern. Die W i n d s t ö ß e werden n i ch t ausbleiben.

In meinem nächsten Briefe werde ich nun mit Seelenruhe auf die augenblickliche Lage in P r e u ß e n näher eintreten können und es wird gar nicht schwer sein, die leitenden Gesichtspunkte für das Handeln des preußischen V o l k e s zu finden, welches hoffentlich von seinem Abgeordnetenhause gut und gerecht vertreten werden wird.

III.

Heidelberg, den 26. October.

Also von H e i d e l b e r g! Wie Sie sehen führe ich ein etwas vagabundisches Leben. Ihrem Wunsche, auch nach B e r l i n zu kommen, ziehe ich vor, keine Folge zu geben. Obgleich die preußische Regierung keine Ansprüche auf mich hat, da ich mich zehn Jahre ohne „ihre Erlaubniß" im Ausland aufhalte und seit mehr als einem Lustrum schweizerischer Bürger, dann auch noch in

Italien heimisch geworden bin, obwohl ich auch vollständig überzeugt bin, daß Herr v. Bismark mir keine Schwierigkeiten bereiten würde, möchte ich auch nicht einmal zu dem geringsten Gerede Veranlassung geben. Ich liebe es mit **offnem Visir** aufzutreten. Wenn das preußische Volk mich einmal braucht, so kann es mich rufen und ich werde nicht verfehlen, für eine Sache einzustehen, für die ich **einstehen kann**. Der Moment ist noch nicht gekommen, und ich nütze jetzt mehr aus der Ferne als ich in der Nähe augenblicklich nützen könnte.

In der Pfalz bin ich eben in eine bedeutende Aufregung hineingerathen, welche durch die Maßregeln gegen die Turnvereine hervorgerufen, ein gewaltiges Echo in allen rheinischen Landen geweckt hat. Ich werde wohl Gelegenheit haben, auf diese Sache noch zurückzukommen, da sie in enger Beziehung zu Demjenigen steht, von Dem ich mit Ihnen jetzt rede. Doch vorerst will ich wieder zu dem speciellen Falle zurückkehren, welcher uns vorliegt.

Ich sagte, die preußische Militärfrage müsse gegenwärtig aus **zwei Hauptgesichtspunkten** betrachtet werden, aus dem **formellen** und dem **sachlichen**.

Den **formellen** Gesichtspunkt nenne ich denjenigen, welcher sich auf die **Verfassung** und das **verfassungsmäßige Recht** der Kammer bezieht.

In dieser Beziehung scheint mir die Mehrheit des Abgeordnetenhauses und mit ihr das ganze preußische Volk, den kleinen Bruchtheil ausgenommen, aus dem die Loyalitätsdeputationen zusammengestoppelt werden, völlig **einverstanden** über das Folgende zu sein:

1) Die jetzt **factisch** bestehende Heeresverfassung ist ein bloßes **Provisorium**, sie wird **rechtlich** erst bestehen, nachdem auf dem verfassungsmäßigen Wege der Gesetzgebung ein neues **Militärgesetz** gewonnen sein wird, welches sie anerkennt und

sanctionirt. So lange dieses neue Gesetz nicht existirt, besteht rechtlich die alte Heeresordnung, welche durch zwei Gesetze bestimmt ist, nämlich a) durch das Gesetz vom 3. September 1814 über die Verpflichtung des Einzelnen zum Wehrdienst — Gesetz über die Wehrpflicht — und b) durch die Reihe von königlichen Verordnungen, welche von 1814 bis 1848 gesetzgeberisch den Rahmen des Heeres, wonach dasselbe aus 9 Armeecorps, jedes mit soviel Bataillonen, Escadrons, Batterien der **Linie**, soviel Bataillonen der **Landwehr ersten Aufgebots**, sovielen der **Landwehr zweiten Aufgebots** besteht, festgestellt haben. Auf dem Wege der Gesetzgebung kann ebensowohl

α) die **alte** Heeresverfassung aufrecht erhalten werden, als

β) die **neue jetzt factisch bestehende** eingeführt werden, als

γ) eine ganz andere, sowohl von der alten **gesetzlich** noch bestehenden als von der factisch bestehenden neuen **abweichende** Heeresverfassung eingeführt werden. — Aber, wenn überhaupt von der **alten** Heeresverfassung abgegangen werden soll, so kann das nur auf dem Wege der **Gesetzgebung**, durch ein den Kammern vorzulegendes und von ihnen eventualiter anzunehmendes, resp. abzulehnendes oder zu veränderndes **Militärgesetz** geschehn, nicht im Wege der Verwaltung.

Es kann der Verwaltung weder überlassen werden

α) **wieviel Mann** sie jährlich für die Linie ausheben will; noch

β) **wie lange** sie jeden Mann präsent bei der Fahne behalten will; noch

γ) **wieviel** Bataillone, Schwadronen, Batterien der Linie sie formiren will, noch

δ) ob sie die **Landwehr** gänzlich **aufheben** oder factisch bei Seite schieben, noch

ε) **wie lange** die zum Liniendienst ausgehobenen Leute

der Linie verpflichtet bleiben und wann sie dann in die Landwehr übergehen sollen.

Schon deshalb, obwohl keineswegs deshalb allein, weil die Feststellung des Budgets verfassungsmäßig Sache der Gesetzgebung ist, weil das Budget sehr stark, sehr stark von allen den oben angegebenen Sachen berührt wird, weil man unmöglich eine so wichtige Sache, wie das gesammte Heerwesen, dem Hin- und Herschwanken der Meinungen von Jahr zu Jahr, ja bei Kammerauflösungen von Monat zu Monat überlassen kann, muß ein Heergesetz von allen Factoren der Gesetzgebung angenommen, vorerst das Heerwesen feststellen. Nur auf dieser Grundlage kann jährlich mit Erfolg, ohne Schwanken, das Budget hergestellt werden.

2) Zu Ausgaben für das bloße Provisorium einer nur factisch, nicht rechtlich bestehenden Heeresorganisation war die Staatsregierung nicht ohne Einwilligung des Abgeordnetenhauses befugt. Sie konnte für solche Ausgaben einen außerordentlichen oder Supplementarcredit verlangen. Hat sie das nicht gethan und dennoch dergleichen Ausgaben gemacht, so kann sie sich jetzt nur dadurch decken, daß sie von der Legislative eine Indemnität fordert, d. h. fordert, die Legislative solle erklären, die betreffenden Ausgaben seien unter den obwaltenden Umständen von der Staatsregierung nicht zu vermeiden gewesen oder sie, die Legislative, wolle darüber hinwegsehen, ob sie zu vermeiden gewesen wären oder nicht, (weiter gar nichts) und sie sanctionire nachträglich die von der Staatsregierung ohne vorgängige Einholung der Erlaubniß gemachten Ausgaben.

Diese Dinge nenne ich den formellen Theil der Frage. Um kurz zusammenzufassen, die Legislative muß verlangen, daß ihr die Staatsregierung

1) ein Organisationsgesetz vorlege,

2) daß die Staatsregierung von ihr eine Indemnitäts=
erklärung fordere.

Der sachliche Theil der Frage, der weitaus wichtigste, ist ganz und gar in das Organisationsgesetz beschlossen. Eine Indemnitätserklärung kann das Abgeordnetenhaus der Staatsregierung aus reinen Zweckmäßigkeitsgründen, ja aus Gefälligkeitsgründen oder sonst irgend welchen geben, ohne daß sie damit im mindesten noch zugestehe, die Staatsregierung habe richtig, vernünftig, gesetzlich gehandelt.

Wenn die Staatsregierung eine Indemnitätserklärung fordert, so sagt sie damit absolut nichts anderes als dieses: Vater, ich habe gesündigt! Und wenn das Abgeordneten= haus die Indemnitätserklärung giebt, so sagt es damit wieder gar nichts weiter als dieses: Ja, mein Sohn, du hast ge= sündigt, vielleicht nicht einmal. Ganz gleichgültig; wir gehen darüber hinfort. Hast du gesündigt, so verzeihen wir dir. Hast du nicht gesündigt, vielleicht nur gefehlt, nun so gehen wir darüber weg. Kurz von dieser Sache wird nicht mehr ge= sprochen. Gehe heim, sündige wo möglich nicht mehr. Ueber die andern Dinge wollen wir nachher weiter sprechen.

Dies ist der einfache Sinn einer Indemnitätserklärung, welche dies Abgeordnetenhaus abgeben würde.

Man sieht, daß sie absolut nichts mit dem sachlichen Theil zu thun hat, der rein in dem Organisationsgesetz enthalten ist. Eine Indemnitätserklärung kann das Abgeordnetenhaus aus herz= lichem Mitgefühl oder aus sonst einem Grunde auch geben, ohne daß ihm ein Organisationsgesetz vorgelegt sei, ja ohne daß ihm ver= sprochen sei, es solle ein Organisationsgesetz vorgelegt werden. Die Verzeihung begangener Sünden braucht Niemand auf dieser Welt an Bedingungen zu knüpfen.

Die Gefahr für die nächste Session scheint mir darin zu liegen, daß die Staatsregierung den formellen mit dem sachlichen Theil der Frage durcheinandermengen wird und daß das Abgeordnetenhaus nicht ungeneigt sein dürfte, diese Vermengung zu acceptiren. Davor muß ich nun zuerst warnen.

Sie kennen genau meine allgemeinen Ansichten von Zünften und Corporationen, von den besonderen Interessen, die Zünfte und Corporationen sich zu bilden pflegen, wenn sie auch nach der Sachlage durchaus kein Recht dazu hätten.

Sie wissen, daß ich auch die Kammern unserer constitutionellen Staaten zu den Zünften und Corporationen rechne, daß ich eine heillose Furcht habe vor den Kammerinteressen, welche sich ganz unabhängig von den Volksinteressen, welche die Kammer einzig vertreten sollte, wozu sie einzig berufen ist, in ihr bilden. Diese Interessen der Kammer als Corporation, welche ihren Ursprung vergißt, ihr Mandat vergißt, welche sich als selbstberechtigtes Individuum und als Selbstzweck hinstellt, fürchte ich, werden von der gegenwärtigen Staatsregierung ausgenutzt werden. Die Staatsregierung wird, wenn sie klug ist, mit dem Nachgeben in dem formellen Theil sachlich Alles zu erreichen suchen, was sie wünscht.

Ich fürchte, daß die Staatsregierung diesen Grad von Klugheit hat, und ich fürchte, daß die Kammer diesen Grad der Schwäche einer jeden Corporation hat. Hier muß das Volk wieder mit kräftigem Arme eingreifen.

Wenn ich fürchte, daß die Staatsregierung den bezeichneten Grad der Klugheit habe, so meine ich, sage ich damit wenig. Wenn ich ihr diesen Grad der Klugheit nicht zutraute, nun, so wäre Hopfen und Malz verloren, man dürfte diese Leute gar nicht einmal der Beachtung würdigen. Die Klugheitsmaßregeln liegen für jeden Menschen zu sehr auf der Hand, als daß sie ein Mann, wie Herr von Bismark, der nun seit vierzehn Jahren sich ausschließlich mit der Politik beschäftigt hat, — ohne sich dabei übermäßig an strengen zu müssen, — der doch auch einen Theil seiner Studien in Frankreich gemacht hat, irgendwie übersehen könnte.

Daß die Kammer bei einem Nachgeben der Regierung im formellen Theil, Vorlegung eines Organisationsgesetzes und Forderung einer Indemnitätserklärung, ihrerseits in dem sachlichen Theil, bei der Annahme des Organisationsgesetzes vieles nachgeben könnte, was sie eigentlich nicht nachgeben sollte, halte ich, obwohl nicht für gerechtfertigt, so doch nicht für unmöglich nach Allem, was ich von der vorigen Sitzung weiß und was mir nachher zu wiederholten Malen von der Stimmung verschiedener Abgeordnetenkreise bekannt geworden ist. Sie selbst schrieben mir von der Niedergeschlagenheit, die bei vielen Abgeordneten mit der Berufung Bismarks herrsche. Schon während der Kammersitzung schrieb mir ein anderer Freund: Die Fortschrittspartei erinnere ihn an jenen Herrn, der einst an einem Wirthstische mit Andern in Streit gerathen, seinem Bruder zurief: Daniel halt mich, sonst richt' ich ein Unglück an. Wie oft wurden nicht auch von den verschiedensten leitenden Rednern der Regierung bei nur einigem Nachgeben die Concessionen gewissermaßen auf dem Präsentirteller entgegengetragen.

Es wird also sehr stark darauf ankommen, daß die Wähler, daß das Volk seinen Willen überall kräftig ausspreche und dadurch den Abgeordneten wieder jene starke Stütze gebe, ohne welche sie allerdings auch keine Macht sein würden. Was das Volk bisher in dieser Richtung gethan hat, ist gewiß rühmenswerth; aber vor allen Dingen sollten auch den zusammengestoppelten Loyalitäts-Deputationen und Loyalitätsaddressen andere in Menge und ohne Aufhören entgegengestellt werden, welche die wahre Meinung des Volkes aussprechen. Allerdings kann über diese für keinen Menschen ein Zweifel sein, der nicht absichtlich blind sein will. Aber die Behauptung, daß sie noch zweifelten muß selbst denen unmöglich gemacht werden, die absolut blind sein wollen.

Wie groß die Neigung auf Compromisse einzugehen bei dem Mehrtheil der Abgeordneten war, das zeigte sich recht deutlich in der Sitzung vom 17. September. Die große Majorität des Hauses war sicherlich ursprünglich **gegen** den **Stavenhagen'schen** Antrag, welcher im ersten Theil die Ausgaben für 1862 nur um 200,000 Thaler herabsetzte, im zweiten aber für 1863 Zusicherungen der Regierung über die gesetzliche Feststellung der **zweijährigen** Dienstzeit verlangte.

Nachdem sich bei der ersten Hauptabstimmung die glänzende Majorität herausgestellt hatte, welche die Streichung **aller** Mehrkosten der Reorganisation wollte, zog selbst Stavenhagen seinen Antrag zurück; nun nahm ihn aber Herr von Vincke, der Abgeordnete für **Stargard**, wieder auf, und jetzt erklärte der Kriegsminister, daß er sich mit dem ersten Theil des **Stavenhagen'schen** Antrags einverstanden erkläre, und auch nicht abgeneigt sei, über den zweiten nachzudenken, er ließ durchschimmern, daß die Regierung zwar nicht auf die gesetzliche Regelung, doch auf die factische Herstellung der zweijährigen Dienstzeit wohl eingehen könnte, machte aber zugleich nun darauf aufmerksam, daß dann **Compensationen** anderer Art nöthig werden könnten.

Im Grunde nahm also der Kriegsminister nur das **Geld**, was ihm das **Stavenhagen**sche Amendement in seinem ersten Theil bot, setzte aber keine **feste** Versicherung, wie sie der zweite Theil verlangte, dagegen, zeigte im Gegentheil nur die Aussicht auf **neue** Anforderungen der Regierung an den Volkssäckel.

Ein Abgeordneter drückte dies auf eine köstliche Weise späterhin so aus: der Herr Kriegsminister **eignet sich den materiellen Theil des Antrages an**, aber u. s. w.

Diese Redensart ist reizend. Wer von uns hat nicht in

seinem Leben zu wiederholten Malen das dringende Bedürfniß gefühlt, sich irgend einen materiellen Theil anzueignen? Ich werde die Redensart einem eleganten Advocaten empfehlen, der sich mit der Vertheidigung eines Spitzbuben beschäftigt.

Obgleich sich also Herr von Roon nur und lediglich „den materiellen Theil" aneignete, so erregte doch seine Erklärung die höchste Sensation; die Abgeordneten nahmen sie für einen Sieg den sie erfochten hätten, und es waren erst Commissionssitzungen und wiederholte eigne Erklärungen des Kriegsministers nothwendig, um die Abgeordneten zu überzeugen, daß er sich „lediglich den materiellen Theil angeeignet," im Uebrigen gar nichts versprochen habe. Die Folge der Enttäuschung war nun sogleich, daß die Majorität gegen die Regierung sich noch verstärkte.

Aber ich glaube, daß dieser Vorgang sehr deutlich zeigt, wie sehr gestimmt die Mehrheit der Abgeordneten zu einem Entgegenkommen war und wieder sein wird, wenn die Staatsregierung nur im mindesten den guten Willen hegt, auch ihrerseits entgegenzukommen. Und ich ziehe daraus den Schluß, der in meinen Augen eine gefährliche Thatsache birgt: Wenn die Regierung jetzt ein anscheinend reichliches und aufrichtiges Entgegenkommen zeigt, so kann sie dabei — von ihrem Standpunkte aus, nicht von dem des Volks, — noch Vortheile eincassiren, die ihr die jetzt factisch, nicht rechtlich, bestehende Organisation nicht einmal gewährt.

Nächstens erzähle ich Ihnen nun von dem Sachlichen etwas.

IV.

Neustadt, den 8. November.

Geehrter Freund!

Ich rüste mich so eben diese lieblichen pfälzischen und rheinischen Fluren zu verlassen. Dringende Geschäfte rufen mich aus ihnen ab. Die augenblickliche Muße von heute will ich aber doch noch benutzen, um in der Besprechung des Gegenstandes fortzufahren, der für uns Beide von so hoher Bedeutung ist.

Wie Sie wissen bleibe ich in Allem, was die Heeresorganisation betrifft, für mich stets auf dem Standpunkt des Milizsystemes, worunter ich immer ein organisirtes verstehe, nicht etwa ein amerikanisches, welches gar keines ist und mit dem doch jetzt, aus dreifachen Gründen ohne Recht, gegen die Milizsysteme exemplificirt wird. Für mich, wissen Sie, ist das Milizsystem keine flüchtige Rotte; es wurzelt bei mir in der Ueberzeugung von der Nothwendigkeit der geschichtlichen Entwicklung in dieser Periode. Meine Ueberzeugung ist das Resultat eines ganzen Lebens, in welchem ich weit mehr Gelegenheit hatte, mich frei, in Theorie und Praxis, mit den militärischen Dingen zu beschäftigen, als irgend ein Officier eines stehenden Heeres.

Meiner Ueberzeugung nach kann Jemand ein sehr braver und in jeder Beziehung tüchtiger Officier sein, ohne daß er doch den geringsten Anspruch erheben dürfte, in den großen Fragen der Heeresorganisation als Sachverständiger betrachtet zu werden. Diese Fragen müssen aus den Gesichtspunkten der Politik, der Nationalökonomie, der Geschichte und der sogenannten rein militärischen Erfordernisse heraus gelöst werden, nicht aus denen der letztern allein. Es ist ein bedauerlicher Irrthum, der bis auf die letzte Zeit hin begangen wurde und von dem man erst neuerdings zurückkommt, jeden Menschen der mit Ehren Epauletten trägt, als Sachverständigen in den großen Organisationsfragen zu erkennen. Man wäre vielleicht in Preußen von diesem bedauerlichen Irrthum noch lange nicht zurückgekommen, hätten sich nicht allzudeutlich persönliche und Standesinteressen in die Organisationsfrage eingemischt und sich dabei für Interessen der militärischen Organisation ausgegeben.

Mein Leben, wie ich sage, ist der Kampf für das Miliz=
system. Indessen jetzt scheint es mir allerdings für das preußi=
sche Volk genug gethan, wenn es nur Rückschritte abwehrt
auf dem Wege zu dem Ideale, welches die gegenwärtige Ge=
schichtsperiode in militärischen Dingen verfolgt, wenn es sich er=
hält und durch neue Einrichtungen einigermaßen
gegen neue Angriffe sichert, was es sich auf diesem Wege
bereits erkämpft hatte.

Während ich jetzt eben wieder in meinen „Hindernissen einer
zweckmäßigen Heeresbildung und erfolgreichen Kriegführung",
von denen ich Ihnen hierbei die drei ersten Lieferungen übersende,
einen Versuch mache, in allgemein verständlicher Sprache alles
Volk über seine Interessen an der Heeresbildung und Krieg=
führung aufzuklären, will ich mich hier auf den Standpunkt
stellen, den ich eben oben bezeichnet habe, auf einen Standpunkt,
von dem ich nur, aber scharf die gegenwärtige Lage der Militär=
frage in Preußen ins Auge fasse, den Blick speciell nur auf
die nächste Zukunft, das nächste Handeln in dieser Frage
richte.

Kenne ich das preußische Volk, und ich glaube es wohl,
obgleich mich ein zwölfjähriges Exil von der fortwährenden Be=
rührung mit seiner Masse ferne hält, so denkt es über seine Mili=
tärfrage grade das, was ich über seine Militärfrage oben hin=
gestellt habe. Es will keine Rückschritte auf dem geschichtlichen
Wege des Fortschrittes dulden.

Das Klarste, was in allen Reden im Abgeordnetenhause,
diesem Wiederhall der Volksstimme, hervortönte, war:

1) Das Verlangen nach der zweijährigen Dienstzeit
(Ausbildungspräsenz) im stehenden Heere;

2) das Verlangen nach der Erhaltung und beziehungsweise
Wiederaufrichtung der Landwehr.

An diese beiden Kernpunkte muß ich mich halten. In der

That, aus ihrer Besprechung heraus läßt sich Alles entwickeln, läßt sich Alles betrachten, an ihnen läßt jede Kritik sich üben.

Ich will zuerst von dem Verlangen der **zweijährigen Dienstzeit** reden.

Diese ist von **allen** Seiten des Hauses befürwortet worden; auch von Denjenigen, die den **Stavenhagen**'schen Antrag unterstützten und trugen, der doch sicherlich zur Anbahnung eines **Compromisses** bestimmt war, ist die zweijährige Dienstzeit im stehenden Heere befürwortet worden. Daß sie genügt, darf ich nach den allgemeinen Anschauungen sagen; nach meinen **speciellen** Anschauungen genügt sie nicht, nach meinen speciellen Anschauungen genügt aber die dreijährige, vierjährige, fünfjährige ec. Ausbildungspräsenz ebenso wenig. Nach meinen **speciellen** Anschauungen genügt dagegen eine **schließliche Ausbildungspräsenz von drei Monaten** vollkommen und leistet vielmehr als jetzt eine fünfjährige, sobald wir auf das einfache Princip und dessen Realisirung losgehen: in der Jugenderziehung die militärische mit der bürgerlichen, die körperliche mit der geistigen zu vereinigen.

Das preußische Volk will **Freiheit, freies Leben, freie Entwicklung. Bildung macht frei.** Aber nicht die geistige Schulbildung allein; die **körperliche** Bildung hat hier genau so viel Recht als die **geistige**.

Bei dem Verlangen nach der **zweijährigen** Dienstzeit (Ausbildungspräsenz), welche an Stelle der bisher gesetzlichen **dreijährigen** treten soll, ist stets der **finanzielle** Gesichtspunkt in den Vordergrund getreten.

Sehen wir nun, ob den **finanziellen** Anforderungen des preußischen Volkes genügt würde, wenn wirklich in ein Gesetz die Bestimmung aufgenommen würde: daß jeder eingestellte Soldat nur **zwei** Jahre dienen solle.

Nach der jetzt factisch bestehenden, trotz alles möglichen

Widerspruchs sogenannten Roon'schen Organisation, — es ist übrigens ganz gleichgültig, wie man sie nenne, ein Name ist so gut als der andre, — treten jährlich 63,000 Mann in den Dienst.

Bleibt nun jeder von diesen **drei Jahr** im Dienst bei der Fahne, so würde das stehende Heer 189,000 M. auszubildende Recruten und mit den auf Capitulation dienenden Berufssoldaten etwa 210,000—220,000 M. zählen.

Bleibt jeder von jenen 63,000 M. nur **zwei Jahre** bei der Fahne, so wird das stehende Heer 126,000 M. auszubildende Recruten und mit den Berufssoldaten höchstens 150,000 M. zählen.

Auf dieses Rechenerempel hin rufen die Leute nun gewöhnlich: ist der **finanzielle** Vortheil der **zweijährigen** Dienstzeit nicht klar? Bei der **zweijährigen** Dienstzeit sind in jedem Jahre 63,000 M. weniger als bei der **dreijährigen** Dienstzeit der nutzbaren Friedensarbeit entzogen, 63,000 M. weniger aus der Staatskasse, aus der Arbeit des übrigen Volkes zu ernähren.

Nein, der finanzielle Vortheil ist **durchaus nicht** klar.

Warum werden denn blos jedes Jahr 63,000 M. in das stehende Heer eingestellt?

Existirt denn in **Preußen** nicht die **allgemeine Wehrpflicht**? Ja sie existirt **gesetzlich** und Niemand hat bisher davon gesprochen, sie aufzuheben.

Treten denn in **Preußen** jedes Jahr nur 63,000 M. ins 20. Lebensjahr, das Alter der Dienstpflichtigkeit? Nein, es treten in **Preußen** jährlich **180,000** junge Männer in das 20. Lebensjahr, ins Alter der Dienstpflichtigkeit.

Oder sind von diesen 180,000 jungen Männern nur 63,000 Mann **diensttüchtig**, die übrigen 117,000 M. Krüppel, Lahme und Blinde?

Pfui! nach meiner Beobachtung und Rechnung sind von den 180,000 jungen Preußen, welche jährlich in das 20. Lebensjahr treten oder meinetwegen es vollenden, 170,000 **vollkommen als Soldaten brauchbar**, wenn man herkömmliche **Vorurtheile** bei Seite legt.

Andere Männer, die diese Vorurtheile **nicht** bei Seite gelegt haben, haben doch immer noch finden müssen, daß von jenen 180,000 **mindestens 90,000 völlig diensttüchtig** sind.

Wenn wir also nur ein **Gesetz** haben, welches bestimmt, daß die eingestellten jungen Männer statt drei Jahren **zwei Jahre** bei der Fahne bleiben sollen, wenn außerdem das Gesetz der **allgemeinen Wehrpflichtigkeit** nicht aufgehoben wird, so kann der preußische Kriegsminister, mit dem ersten Gesetz in der Hand, doch immer noch mindestens 90,000 junge Männer in das Heer einstellen und dann kommen wir ersichtlicher Weise auf dieselbe Heeresstärke, wie sie die **factische Roon'sche** Organisation jetzt hat, die Heeresstärke von 210,000 M. einschließlich der Berufssoldaten.

Wo bleibt also hier der **finanzielle Vortheil**?

Ein finanzieller **Vortheil** ist gar nicht abzusehn; ein finanzieller Nachtheil liegt aber allerdings **sehr klar** vor Augen.

Es ist nämlich für Jeden, der nicht absichtlich die Augen schließen will, deutlich und ersichtlich, daß **nicht blos** die zwei- oder dreijährige Abziehung von so und so viel tausend Köpfen und Händen, als der Militärdienst jährlich in Anspruch nimmt, von der lohnenden Friedensarbeit in Betracht komme, sondern auch die **Störung**, die damit in das Entwicklungsleben des Einzelnen und folglich auch der Gesammtheit hineinbricht.

Diese Störung mag ziemlich die gleiche sein, die gleiche Wirkung für den Einzelnen haben, ob er nun grade in seiner besten Lehrzeit oder in der Uebergangsperiode aus der Lehrzeit in die Zeit eigner selbständiger Thätigkeit aus dem Friedensleben in den Militärdienst (nicht Kriegsdienst) auf zwei oder auf drei Jahre herausgerissen werde.

Aber es ist gar nicht mehr gleichgültig, ob aus einem Lande von 18 Millionen Einwohnern jährlich nur 60,000 M., oder ob 90,000 M. aus ihm, aus seinem Friedensleben heraus, in diese Störung hineingerissen werden, die für das Leben der Einzelnen, wie für das Leben des Ganzen gewaltig in Betracht kommt, die nachhaltig wirkt. Nur ein Blödsinniger kann das nicht sehen, nur ein Verbrecher kann es nicht sehen wollen.*

Mit der bloßen Festsetzung der zweijährigen Dienstzeit bei der Fahne ist also schon aus diesem Grunde für den finanziellen oder nationalökonomischen Standpunkt gar nichts gewonnen.

Und deshalb, deshalb allein, hat Gneist schon sehr recht, wenn er in seiner Broschüre, die Sie mir zusendeten und die ich Ihnen gegenüber schon mehrfach erwähnt habe, ausdrücklich verlangt, daß neben das Gesetz über die Wehrpflichtigkeit des einzelnen Preußen ein Contingentsgesetz gestellt werden müsse, ein Gesetz, welches die Gesammtleistung des preußischen Volkes für den Militärdienst feststellt.

Aber selbst ein solches Contingentsgesetz kann unmöglich das preußische Volk in jeder beliebigen Form vor einer finanziellen Ueberbürdung schützen.

Würde z. B. neben das Gesetz oder neben den Gesetzartikel: „Die Dienstzeit im stehenden Heere ist auf zwei Jahre angesetzt" nur noch der andere gestellt: „Es dürfen von der jungen Mannschaft, die ins 20. oder 21. Lebensjahr tritt, höchstens 75,000 Mann in jedem Jahre ausgehoben werden;"

nun so wäre damit allerdings gegeben, daß bei den Fahnen höchstens 150,000 Recruten versammelt sein könnten;

oder wenn nach der von Roon eingeführten Mode bestimmt

würde, es sollten jährlich nur 63,000 M. ausgehoben werden aus der dreifach so großen Zahl, welche Preußen jährlich in seiner jungen ins dienstpflichtige Alter tretenden Mannschaft liefert;

nun so wäre gegeben, daß stets 126,000 Recruten, auszubildende junge Mannschaft bei der Fahne sein würden.

Aber wäre nun damit auch schon gegeben, wieviel Berufssoldaten zu deren Ausbildung und als Cadres für die im Kriegsfall aufzustellenden Feldbataillone beständig bei der Fahne sein sollen?

Nein, das wäre keinesfalls gegeben. Es könnten viele, es könnten wenige Berufssoldaten sein, die einen würden mehr, die andern weniger Kosten verursachen. Jedenfalls verursacht jeder Berufssoldat, zu welcher Classe die Unterofficiere und dann die Officiere, bis zu den höchsten Graden hinauf, gehören, durchschnittlich viel mehr, direct vom Staate zu zahlende Kosten, als der auszubildende Recrut, vielleicht das zehnfache, durchschnittlich, so daß es keineswegs mehr gleichgültig ist, ob auf 126,000 auszubildende Recruten 12,600 oder 25,200 Berufssoldaten angestellt werden. Die zweite Zahl macht doppelt so viel Kosten als die erste.

Mit der einfachen Bestimmung aber, daß jährlich nicht mehr als 63,000 M. ausgehoben werden und daß jeder von diesen nicht länger als zwei Jahre bei der Fahne behalten werden solle, ist noch gar nichts über die Zahl der anzustellenden Berufssoldaten bestimmt. Darüber sind noch weitere Bestimmungen nothwendig, gesetzliche Bestimmungen, wenn das Volk vor finanzieller Ueberbürdung bewahrt werden soll.

Die Gliederung des Heeres muß gesetzlich festgestellt werden, und es muß gesetzlich festgestellt werden die Zahl der Officiere und Unterofficiere, welche bei jedem Gliede der Armee, bei jeder tactischen Einheit als Berufssoldaten angestellt werden dürfen.

Machen wir uns die Sache auf einfache Weise etwas klarer. Angenommen es mögen jährlich 63,000 M. ausgehoben werden, und es mögen davon auf die Infanterie kommen 45,000 M.; so hat die preußische Infanterie beständig bei den Fahnen versammelt bei zweijähriger Dienstzeit (Ausbildungspräsenz) 90,000 M. Diese 90,000 M. können eingetheilt sein in 225 Bataillone zu 400 M., sie können aber eben so gut eingetheilt sein in 450 Bataillone zu 200 M. (ohne die Berufssoldaten).

Für 450 Bataillone braucht man doppelt soviel Bataillonscommandanten als für 225 Bataillone. Bataillonscommandant ist Bataillonscommandant. Man kann einen solchen der ein Friedensbataillon von 200 Recruten commandirt, ganz ebenso hoch besolden, als einen andern der ein Bataillon von 400 Recruten commandirt. Man kann ein Friedensbataillon von 200 M. ebensogut in 4 Compagnien theilen als ein Friedensbataillon von 400 M. Man kann für eine Compagnie von 50 M. Friedensstärke einen ebenso vollständigen Stab aufstellen, eine ebenso vollständige Prima Plana, als für eine Compagnie von 100 M. Friedensstärke.

Dies zeigt wohl deutlich, daß die **finanzielle** Sicherung des Volkes damit noch **gar nicht** erreicht ist, daß man festsetzt, es sollen jährlich nur 63,000 M. ausgehoben werden und **keiner** von diesen soll länger als **zwei Jahre** bei der Fahne, in der Ausbildungspräsenz bleiben.

Die **Gliederung** des Heeres muß also, um die **finanzielle** Sicherung des Volkes zu erzielen, gleichfalls **festgestellt** werden.

Einigermaßen wird nun dies erreicht durch die **Regelung** des Kriegsreserveverhältnisses.

Nach dem Gesetz vom 3. September 1814 bleibt der eingestellte Infanterist **drei** Jahre bei der Fahne und dann **zwei**

Jahre bei der Kriegsreserve, (im Wesentlichen) für alle Fälle dem Bataillon verpflichtet und zu des Bataillons Verstärkung bestimmt, in welchem er seine Ausbildung erhalten hat.

Nach dem Reorganisationsgesetz, welches die preußische Regierung für 1860 planirt hatte, sollte der Mann **3 Jahre bei der Fahne** und dann **fünf Jahre bei der Kriegsreserve** bleiben.

Nach der Novelle, die 1862 dem Herrenhaus vorgelegt ward, sollte der Mann **drei Jahre bei der Fahne** und dann **vier Jahre in der Kriegsreserve** bleiben.

Wir wollen nun einmal annehmen, es sei festgestellt, daß ein Bataillon auf dem Kriegsfuß stets 1000 M. zählen solle, wobei wir auf die Berufssoldaten gar keine Rücksicht nehmen, weil ohnehin das Bataillon eine nicht unbedeutende Zahl von den Leuten, die während **fünf, sieben oder acht** Jahren in ihm seine Ausbildung erhalten, in dieser Zeit durch Tod, Krankheit, Unabkömmlichkeit für den Kriegsbedarf verliert.

Dann muß das Bataillon nach dem Gesetz vom 3. September im Frieden $^3/_5$ der Kriegsstärke, also 600 M. zählen; nach dem für 1860 planirten Gesetz $^3/_8$ der Kriegsstärke, also 375 M., nach der Novelle von 1862 $^3/_7$ der Kriegsstärke, also 430 M.

Mit dem Verhältniß der Reservezeit zur **activen Dienstzeit bei der Fahne** regulirt sich also, eine feste Kriegsstärke angenommen, die **Stärke der Friedensbataillone** und somit auch die **Zahl der Friedensbataillone**, insofern man eine feste Zahl von Mannschaften angenommen hat, die höchstens in jedem Jahr ausgehoben werden dürfen. Mit der Zahl der Friedensbataillone normirt sich aber auch **einigermaßen** die **Zahl der im Heerdienst anzustellenden Berufssoldaten, der Cadres**. Ich sage ausdrücklich **einigermaßen**.

Nun muß ich von Herrn **Stavenhagen** reden, der von einer gewissen Clique für eine **große militärische Autorität** gehalten wird. Mag er das sein, ich weiß es nicht. Ich weiß nur, daß er sich mir durch eine Aeußerung einmal ganz besonders empfahl. Er sagte bei irgend einer Gelegenheit, einer Budgetgelegenheit: man dürfe doch auch nicht Alles streichen, was die Regierung beantrage. Dies war mir characteristisch. Ebenso blödsinnig als es in meinen Augen sein würde, wenn eine Kammer auch nur das Geringste streichen wollte, was sie für zweckmäßig erkennen muß, aus irgend einem nebensächlichen Grunde, ebenso blödsinnig würde es mir vorkommen, wenn eine Kammer etwas nicht streichen wollte, möchte es so unzweckmäßig sein als es wollte, nur, um nicht Alles zu streichen.

Die Herren Stavenhagen, Twesten und Consorten haben, wie es scheint, bei ihrem hinlänglich bekannten Antrage alle Vordersätze der Roon'schen Novelle von 1862 adoptirt, nur mit dem einzigen Unterschiede, daß sie an die Stelle der dreijährigen Dienstzeit die gesetzlich festgestellte zweijährige setzen.

Sie haben dabei herausgerechnet, daß die Friedensbataillone auf 340 M. — ohne die Berufssoldaten — kommen würden. Dies gäbe bei fünfjähriger Kriegsreservepflicht nach der zweijährigen Ausbildungspräsenz für jedes Bataillon einen Gesammtvorrath von 1190 M., was bei der Rechnung auf den nothwendigen Abgang durchaus nicht zu viel ist für ein Kriegsbataillon von 1000 M.

Nehmen wir nun aber einmal an, wir wollten an der Bestimmung des Gesetzes von 1814 festhalten, wonach der Mann dem Linienheer überhaupt nur fünf Jahre verpflichtet bleiben soll — nämlich drei oder zwei Jahre bei der Fahne im activen Dienst und zwei oder drei Jahre als Kriegsreservist — und ich glaube, es muß daran festgehalten werden, wenn das preußische Volk seine Landwehr nicht opfern will, so würden Bataillone von 340 M. (Friedensbataillone für zweijährige Ausbildungspräsenz) auf **fünfjährige** Gesammtdienstpflicht für jedes Kriegsbataillon nur einen Gesammtvorrath an ausgebildeter Mannschaft von je 850 M. geben, d. h. ungefähr **drei** dieser Bataillone würden erst den Vorrath geben, welchen **zwei** Friedensbataillone von 340 M. bei siebenjähriger Dienstpflicht — zwei Jahre bei der Fahne, fünf in der Kriegsreserve — geben.

Diese Berechnung weiset auf einen Umstand hin, der für künftige Fälle von der **größten Bedeutung** ist.

Offenbar muß die **Zahl** der Bataillone des **Linienheeres**, wie sie gegenwärtig **factisch** vorhanden ist, wiederum **beschränkt** werden, wenn die Landwehr eine Bedeutung **wieder erhalten** soll. Diese **Beschränkung** kann nun auf höchst nützliche Weise herbeigeführt werden, indem man je zwei Regimenter des jetzigen Standes, **unter Aufhebung des unnützen Regimentsverbandes** in eine Brigade zusammenzieht und aus den 6 jetzigen Bataillonen — nach der Stavenhagen'schen Annahme zu 340 M. — vier neue, unmittelbar unter dem Brigadecommando stehende Bataillone jedes von 510 M. bildet. Bei **zweijähriger** Dienstzeit bei der **Fahne** und **dreijähriger Reservezeit** würde dann ein solches Bataillon einen Gesammtvorrath von ausgebildeter Mannschaft von 1275 M. liefern, so daß es bei der Aufstellung auf den Kriegsfuß von 1000 M. etwa 300 wegen Krankheit, Unabkömmlichkeit u. s. w. zu Hause lassen könnte. Die Zahl der Brigaden des Linienheers bliebe dabei dieselbe wie jetzt, durch Hinzufügung eines **Jäger-** oder **Füsilierbataillones** aber im Kriege erhielte die Brigade eine vortreffliche Zusammensetzung für den Felddienst. Ich möchte auf dieses einfache Mittel, welches auch auf die Cavallerie in passender Weise seine Anwendung finden kann, ganz besonders aufmerksam machen.

Ich glaube nicht, daß es, solange eine Radicalreform noch

nicht angestrebt wird, ein einfacheres Mittel giebt, um alle Interessen auszugleichen. Das Linienheer wird dabei auf einen Stand der Bataillone ꝛc. reducirt, welcher es noch möglich macht eine geachtete, nothwendige Landwehr neben ihm zu haben, die Kosten werden anständig, auch durch die Verminderung der Cadres, erniedrigt, das Linienheer bleibt indessen immer noch stärker als es 1859 war, und an Feldtüchtigkeit kann es bei der zweckmäßigern Eintheilung, die mit dem Wegfall des Regiments= verbandes eintritt, nur gewinnen. Die Zahl der Brigaden, dieser wichtigen Glieder im Heeresganzen, bleibt die gleiche, welche in der Roon'schen Organisation für nöthig erachtet worden ist. Daß die Stärke einer jeden Brigade sich vermindert, kann nur für einen Vortheil angesehen werden.

Das Wehrgesetz also, nach welchem die preußische Nation verlangt, müßte feststellen

1) die Dienstpflicht für die Linie auf fünf Jahre, wovon zwei bei der Fahne, drei in der Kriegsreserve;

2) die Anzahl der Armeecorps, Brigaden, Bataillone und übrigen taktischen Einheiten des Linienheeres nach den eben= gegebenen Verhältnissen;

3) die Stärke der Cadres für die einzelnen tactischen Ein= heiten ꝛc., insoweit dieselben aus Berufssoldaten zusammenge= setzt werden sollen, und die Anzahl der auszubildenden Recruten, welche jährlich höchstens für eine tactische Einheit ausgehoben werden dürfen.

Mit der Feststellung der zweijährigen Dienst= zeit allein ist absolut nichts gewonnen, wie es sich aus meiner Auseinandersetzung aufs klarste er= giebt und wie Jedermann ohne Mühe es sich klar machen kann.

V.

Unterstraß bei Zürich, den 12. November.

Auf einige Zeit heimgekehrt, will ich Ihnen heute von der L a n d w e h r erzählen.

Das preußische V o l k liebt seine L a n d w e h r, es liebt sie wegen der glorreichen Erinnerungen, welche sich an sie knüpfen, es liebt sie als eine wenig kostspielige Organisation, es liebt sie als eine wahre V o l k s w e h r, über welche eine möglicher Weise verbrecherische Regierung nicht jene D i s p o s i t i o n s f ä h i g k e i t hat, wie über das Linienheer, — eine Truppe, welche gut zum Ausschlagen gegen den äußeren Feind, sich n i c h t zur Unterdrückung des Volkes gebrauchen läßt, — als das Band, welches Heer und Volk innig verknüpft, welches das L e i d des Krieges in alle Schichten des Volkes trägt, aber auch allen R u h m des Krieges wieder in alle Schichten des Volkes zurückträgt, als den A n k n ü p f u n g s p u n k t endlich neuer zeitgemäßer Entwicklungen des Heerwesens in Europa, in der Welt.

Ich habe gesagt, daß die L a n d w e h r alles L e i d des Krieges in alle Schichten des Volkes hineinträgt; — und ich b e t o n e dies. Mit dieser unbestreitbaren Wahrheit ist g e g e n die Landwehr argumentirt worden. Ich argumentire mit ihr vornämlich f ü r d i e Landwehr. Ein Volk, welches Krieg führt, soll w i s s e n, daß der Krieg eine s c h w e r e L a s t, ein s c h r e c k l i c h e s L e i d ist, soll wissen, wie es auf den Schlachtfeldern hergeht und die Schrecken des Krieges s o l l e n auch zu den Bewohnern der Hütten bringen, die der Krieg selbst und direct nicht erreicht. Nur wer weiß, welches das Leid und der Jammer des Krieges ist, nur d e r kann den unnützen Krieg v e r a b s c h e u e n, wie es jedes Volk soll. Eine Regierung ohne das Volk s o l l nicht Krieg führen können. Wenn aber ein Volk das Leid des Krieges kennt, es mitfühlen muß, und ihn dennoch f r e u d i g unternimmt, dann weiß es **wofür** es streitet, dann legt es nicht nach ein Paar Schlachten, die von ihm losgetrennte Heere verloren haben, die Waffen trostlos nieder, nach jeder Niederlage vielmehr **erhebt** es sich mit neuem **Muthe** und **Zorn** und so erhalten die **guten** und **gerechten** Kriege die Dauerhaftigkeit, durch welche die Nationen **groß** werden.

Das also, womit am meisten **gegen** die Landwehr jetzt agitirt wird, **das** eben ist ihr **schönstes** Attribut.

Das preußische Volk liebt seine Landwehr, aber **seine** Landwehr, nicht eine **erniedrigte**. Die preußische Militärpartei, welche ich in allen ihren Alluren in meiner „Junkerbroschüre" gekennzeichnet habe, welche jetzt ihre letzten Trümpfe ausspielt, ihre letzten Absichten characterisirt, diese Militärpartei hat bekanntlich **seit dem Entstehen** der Landwehr an deren **Erniedrigung** gearbeitet. Ein Kraftmoment nach dem andern **entzog** sie ihr und jedesmal behauptete sie dann nachher, daß die Landwehr an Brauchbarkeit verloren habe, was nun freilich nicht ganz unrecht war. Jeder zuerst herbeigeführte Verlust an militärischer Brauchbarkeit ward dann wieder zum Grunde genommen, ihr etwas von ihrer Kraft und von ihrer Bedeutung zu **nehmen** und so ward das Spiel fortgesetzt, bis man 1860 sich weit genug gekommen glaubte, die Landwehr **gänzlich** über Bord werfen zu können, um im Widerspruch mit allen berechtigten Tendenzen der Zeit, statt auf **sie**, vielmehr auf ein Linienheer, **möglichst** nach dem Zuschnitt des 18. Jahrhunderts, die **neue Wehrorganisation Preußens** zu bauen.

An dem preußischen Volke ist es jetzt, nicht blos das, was ihm von seiner Landwehr gelassen werden sollen, zu **erhalten**; nicht blos diesen heuchlerisch hingeworfenen Brosamen **aufzulesen**, sondern seiner Landwehr die Kräfte zurückzugeben, vermöge deren sie zeigen kann, was sie vermag, was sie in Wahrheit für Preußen bedeutet.

Die Landwehr kann **nicht** die Ehre des preußischen Volkes sein, wenn sie **überflüssig** gemacht und als **nicht nothwendig** behandelt wird.'

Das wird sie aber offenbar, wenn die **Roon'sche Organisation** des Linienheeres angenommen würde; wenn man für die Linie **sieben Jahrgänge** der Dienstpflichtigen in Anspruch nimmt, so erhält die Linie eine **numerische Stärke**, welche eine Zurückstellung der Landwehr hinter die Coulissen, namentlich wenn man die kleine preußische Politik von jetzt berücksichtigt, für die meisten Fälle möglich macht; bei dieser numerischen Stärke und bei der **Besetzung aller Stellen** in den Cadres der **Linie mit Berufsofficieren** wird aber auch die finanzielle **Kraft des Landes für die Linie** dergestalt in Anspruch genommen, daß ihm für die **Landwehr** nichts mehr übrig bleibt. Wie wollen Sie verlangen, daß eine Truppe noch etwas leiste, für die factisch **gar nichts mehr** gethan wird?

Der Reorganisationsplan von 1860 war ziemlich ehrlich; er sprach es ziemlich offen aus, daß **man die Landwehr in die Ecke, ins Speckkämmerli sperren wolle.** Der ungeheure **Widerstand**, den dies Bestreben im **Volke** fand, trieb die Organisatoren in die erbärmlichste Heuchelei hinein.

Jetzt wird dem Abgeordnetenhause gesagt: Was wollt ihr denn? wir wollen euch ja eure Landwehr nicht nehmen. Seht ihr denn nicht, daß sie immer noch flott dasteht?

Ja flott auf dem **Papier**. Aber wie sieht es in der **Wirklichkeit** aus?

Nun man beschaue nur die nur zu richtigen Schilderungen, welche in der letzten Kammersession **Gneist**, **Dunker** und andere Redner von dem Gerippe gegeben haben, welches die neue Organisation gegenwärtig von der Landwehr übrig gelassen hat!

Man vergleiche das Budget und suche heraus, was davon auf die **Linie**, was auf die **Landwehr** kommt! Man wird sein Wunder daran sehen und augenblicklich erkennen, daß die **Landwehr**, welche **Roon** und Consorten dem preußischen Volke **lassen** wollen, nicht **dieselbe** Landwehr ist, welche das preußische Volk **liebt**, auf welche es **stolz** ist.

Bei der Durchführung oder Aufrechthaltung der **Roon**schen **Linienorganisation** mit **siebenjähriger** Dienstpflicht bei der Fahne und in der Reserve, ist die Erhaltung einer **nothwendigen**, sich selbst als **nothwendig** fühlenden, darum auch starken und tüchtigen Landwehr, **gar nicht möglich**. Sie ist **noch** möglich bei der Durchführung meines Vorschlags, der sich auf die **fünfjährige Dienstpflicht für die Linie** basirt.

Etwas Anderes muß aber nothwendig noch hinzukommen, um dem Institut der Landwehr den alten Glanz, die alte Ehre, den alten Werth — zurückzugeben.

Die vollzähligen, ausgerüsteten, bewaffneten Bataillone machen auch noch **nicht** die **Landwehr**. Die Stellung ihres **Officiercorps** muß eine durchaus andere werden, als sie nachgerade **geworden ist**.

Was will man am Ende von einem Landwehrofficiercorps erwarten, dessen Glieder, angesehene Männer in ihren Lebenskreisen, Gutsbesitzer, Beamte ꝛc. es thatsächlich nicht weiter als bis zum **Lieutenant** bringen und denen bei jeder ernsten Gelegenheit ein junger Linienofficier, um sie zu commandiren, auf die Nase gesetzt wird. Von einem solchen Officiercorps ist **nichts zu erwarten**. Die Mangelhaftigkeit dieses Officiercorps ist aber **keineswegs** in der Mangelhaftigkeit des Stoffes, aus dem es gebildet wird, sondern lediglich in der **Schändlichkeit der Institutionen** zu suchen, durch welche es absichtlich, der herrschenden Junkerpartei zu Liebe, **erniedrigt** wird.

Wenn ich es auch billig anerkenne, daß die Berufsofficiere ein wenig s ch n e ll e r avanciren sollen als die Landwehrofficiere, die aus dem Militärdienst nicht ihren Lebensberuf machen, so muß ich es doch als die erste Bedingung für ein wirkliches Gedeihen der Landwehr hinstellen, daß ihre Officiere, wie die Berufsofficiere, bis zu den höchsten Stellen der militärischen Hierarchie aufsteigen.

Sie müssen genau dasselbe Avancement haben, wie die Berufsofficiere, nur ein in Bezug auf Schnelligkeit zu Gunsten der letztern ein wenig modificirtes.

Daß nur die geeigneten Landwehrofficiere zu den höchsten Stellen aufsteigen dürfen, versteht sich von selbst. Dasselbe aber würde auch in Bezug auf die Berufsofficiere höchst wünschenswerth sein.

Es versteht sich von selbst, daß den Landwehrofficieren nun auch die Gelegenheit gegeben werden muß, sich für die höchsten Stellen geeignet zu machen.

In dieser Beziehung bemerke ich zuerst, daß der Ehrgeiz eine mächtige Triebfeder ist, daß diese Feder freilich nicht wirken kann, wenn sie durch einen unüberwindlichen Druck zurückgehalten wird. Man nehme diesen Druck hinweg, und ihre Spielkraft wird augenblicklich zu Tage treten.

Wenn man dem Landwehrofficier sagt:

Du sollst auf dieser Erden
Nicht mehr als Lieutenant werden,

welchen Grund hat er dann, sich geeignet für höhere Stellungen zu machen. Wenn man ihm aber sagt: du kannst ebenso wohl berufen werden, eine Brigade oder Division zu commandiren, als ein Berufsofficier, so stellen sich die Dinge ganz anders. Männer, die sich in den schwierigsten und complicirtesten Lebensverhältnissen, auf ihre eigne Kraft, nicht auf die Staatsversorgung angewiesen, bewährt haben, dürften dann selbst viel bessere höhere Führer abgeben als sie sich aus dem verdumpfenden und versumpfenden Elemente unseres Berufsofficierstandes heraus entwickeln — selbst wenn für ihre militärische Erziehung nicht mehr geschehen wäre als bisher.

Aber allerdings kann und soll für diese mehr geschehen als bisher.

Niemandem, der die Dinge in der Nähe gesehen hat, kann es verborgen geblieben sein, daß das Institut der **einjährigen Freiwilligen** nicht geeignet ist, Landwehrofficiere zu bilden, wie sie für eine **wirkliche, ernsthaft genommene preußische Landwehr** nöthig sind.

Vielmehr fängt unter der Leitung der Berufsofficiere die absichtliche, systematische Verpfuschung der künftigen Landwehrofficiere mit der Ausbildung oder vielmehr der **Vernachlässigung** der Ausbildung der einjährigen Freiwilligen schon an.

Dem kann nicht anders abgeholfen werden als durch die Verbindung der militärischen Erziehung — der **geistigen** (wissenschaftlichen) und **körperlichen** — mit der bürgerlichen an unsern höheren Lehranstalten. Dadurch würde dem Uebelstande aber auch **gründlich** abgeholfen werden. Kann man vorerst die **Harmonie** zwischen körperlicher und geistiger, zwischen militärischer und bürgerlicher Bildung noch nicht in der gesammten nationalen Jugenderziehung herstellen, so wird es doch möglich sein, sie ohne großen Aufwand an den höhern Lehranstalten und für diese herzustellen. **Das** sollte dann auch mindestens geschehen. Ich muß noch einmal später auf die Officiersverhältnisse zu sprechen kommen.

Hier aber fallen Ihnen wohl so gut als mir die **eigenthümlichen** nationalökonomischen Anschauungen wieder ein, welche die preußische Regierung nebst ihren Anhängern in der Militärfrage beständig aushängt.

"Es ist Geld da, folglich muß es für die Organisation der Linie nach unserm Schema verbraucht werden."

Das ist der ewige Refrain; und dabei fehlt es an allen Ecken; für kein Departement hat man Geld. Als wenn dadurch, daß man das Geld lediglich für die Roon'sche Organisation wegwirft, auch nur die militärische Stärke Preußens gehoben würde. Ich habe zehntausendmal bewiesen, daß das gerade Gegentheil der Fall ist.

Die militärische Stärke eines Landes beruht gar nicht auf diesem einen speciellen militärischen Departement; sie wächst aus den gesammten Verhältnissen des Volks und seines Landes heraus, sie muß folglich auch in allen Departements ihre Stützen, die Keime ihrer Stärke suchen und finden können.

Ich glaube, daß Preußen im Nothfall dreimal soviel Steuern aufbringen kann, als es heute aufbringt. Die Frage ist lediglich, wofür? Die finanzielle Frage ist eine relative und muß eine relative bleiben. Wo Alles auf dem Spiele steht, kann man Alles.

Ein Volk aber, das recht thun würde, Millionen und Milliarden auszugeben, um seine Existenz zu sichern, macht sich zu der verworfensten aller Creaturen, wenn es auch nur einen Silbergroschen dafür ausgiebt, sich lediglich eine Ruthe, mit der es gegeißelt und verunehrt werden soll, anzuschaffen."

Dies ist die einzig richtige Anschauung.

In wenigen Monaten muß das Stiftungsfest der **preußischen Landwehr**, das fünfzigjährige Jubiläum derselben gefeiert werden. Gebe Gott, daß bis dahin das preußische Volk und das preußische Abgeordnetenhaus, jedes das seinige, gethan habe, um die Landwehr in der alten Blüthe, dem alten Glanz, mit dem verklärenden Schimmer der Hoffnung auf große und würdige Tage der Zukunft, wieder auferstehen zu lassen.

Dazu ist aber nothwendig der kräftigste Widerstand gegen die Roon'schen Pläne und Novellen. Dazu genügt nicht, daß man sich schenken lasse, was Wilhelm I., Bismark und Roon gnädigst schenken wollen, sondern daß man sich **nehme,** was Einem von Gottes und Rechtswegen **gehört.**

VI.

Unterstraß bei Zürich, den 26. November 1862.

Geehrter Freund!

In acht Tagen werde ich wieder an den Gestaden des Mittelmeeres sitzen, ohne indessen euch da oben im Norden zu vergessen oder aus den Augen und aus dem Herzen zu verlieren.

Noch ehe ich von hier scheide, muß ich diese kleine Reihe von Briefen vollenden, die wohl den Beweis liefern werden, daß ich, wie ferne im Raume, so nahe euch im Herzen bin.

Von dem Zwischenfall in der letzten Kammersession, der am 17. September 1862 durch die berüchtigte Erklärung des Kriegsministers eintrat, habe ich schon in diesen Briefen gesprochen.

In der Sitzung vom 19. September stellte sich nun im Wesentlichen folgendes als die Meinung des Kriegsministers — oder um genauer zu sprechen und ich kann genauer sprechen da ich keine parlamentarischen Rücksichten zu nehmen gezwungen bin, — als die Meinung des Königs Wilhelms I. fest.

„Man könne **versuchsweise** auf die Einführung — **nicht** auf die gesetzliche Regelung — einer **zweijährigen** Dienstzeit eingehen, müsse dann aber **Compensationen** verlangen, (die notabene nicht geringe Kosten machen würden), und müsse sich vorbehalten, zur dreijährigen Dienstzeit zurückzukehren, falls diese **Compensationen** erfahrungsmäßig (nach dem Urtheil der Regierung notabene) nicht den gehofften Erfolg hätten."

Der Inhalt dieser Erklärung ist also:

Der Kriegsminister will dagegen, daß ihm seine schändliche und verderbliche Organisation **principiell, dauernd und gesetzlich** vom Abgeordnetenhause **garantirt** wird, **provisorisch, nicht gesetzlich sondern blos factisch** die zweijährige Dienstzeit einführen;

er redet aber kein Wort davon, daß gesetzlich die **fünfjährige Dienstpflicht für die Linie** (bei der Fahne und in der Kriegsreserve) eingeführt werden solle, **bei welcher allein die würdige Wiederherstellung einer preußischen Landwehr, die das preußische Volk verlangt, möglich ist.** Er hält also fest an jener **siebenjährigen Dienstpflicht** für die Linie, welche die Novelle enthält, welche der **Stavenhagen**'sche Antrag annimmt, **und bei welcher nichts Vernünftiges möglich ist, selbst wenn jemand dabei den guten Willen hätte, etwas Vernünftiges und Zeitgemäßes zu begründen.**

Für dies **provisorische**, auf puren Sand gebaute Zugeständniß verlangt er, — wahrscheinlich gesetzliche — **Compensationen**, die ihn nicht hindern werden, die dreijährige Dienstzeit (Ausbildungspräsenz), welche er **gesetzlich** festhält, auch **factisch** wieder einzuführen, während aber damit, daß er die dreijährige **gesetzliche Ausbildungspräsenz**, die eine Zeitlang nur factisch aufgehoben war, durchaus nicht gesagt ist, daß die **Compensationen** wieder aufgehoben wären.

Der reine Gewinn, der unbestreitbare des **preußischen Volkes** bei einem solchen **Handel**, der einem Pferdejuden an der Stelle des Herrn von **Roon** die höchste Ehre machen würde, — wären also möglicher Weise — — die **Compensationen.**

Es verlohnt sich also doch wohl, daß ich mir die Compensationen im Interesse des preußischen Volkes einmal gehörig lange und ihnen ins Maul sehe. Ein „geschenkter Gaul" sind sie nicht nach allem was ich vorläufig sehe.

Die Compensationen! Der Abgeordnete von Bockum-Dolffs hat in der Sitzung vom 19. Sept. 1862 — grade zwei Jahre nach einem der schönsten Tage meines Lebens, dem Gefechte von Capua, in welchem ich Gelegenheit hatte den königlichen Neapolitanern gehörig das Maul zu revidiren, — was auch bei den königlichen Preußen mir einst zum höchsten Vergnügen gereichen wird, — der Abgeordnete von Bockum-Dolffs also hat am 19. Sept. 1862 dem Abgeordnetenhause mitgetheilt, was Herr von Roon unter den Compensationen verstand, Compensationen merkwürdig auch in sofern in ihrer Art, als er durchaus nicht beabsichtigte, irgend etwas für sie zu geben.

Herr von Roon verlangte:

1) erhöhte Löhnung für Capitulanten;
2) erhöhtes Gehalt für Unterofficiere;
3) Errichtung von stehenden Lägern (Standlägern).

Die beiden erstgenannten Compensationen laufen auf eines hinaus und lassen sich in einen einzigen Begriff zusammenfassen. Herr von Roon will sich dafür, daß er provisorisch, ohne sich für die Dauer zu verpflichten, rein factisch und ohne alle Nebenconcessionen, die ich für nothwendig halte (fünfjährige statt der siebenjährigen Dienstpflicht für die Linie), daß er provisorisch die zweijährige Ausbildungspräsenz zuläßt, — Herr von Roon will sich dafür ein starkes Corps untergeordneter, theuer bezahlter, ganz von seinem Wink abhängiger Troupiers anschaffen; — ein Corps dessen Einführung in die preußische Armee allerdings ganz und gar deren Character aber freilich keineswegs dem von König Wilhelm I. und seinen Trabanten heroisch getragenen krautjunkerlichen Tendenzen widerspricht.

Also **Vermehrung der Berufssoldaten im Allgemeinen,** — Vermehrung der Berufssoldaten auf die schmählichste, verderblichste Weise im Besondern.

In meiner „Junkerbroschüre" habe ich weitläufig entwickelt, wie **verderblich** es sein würde, wenn das preußische Volk die Ueberschwemmung mit **Berufsofficieren,** auf welche die Roon'sche Organisation lossteuert, und welche ihr **vorzüglichster Grund** ist, dulden wollte, wie es alle Ursache habe, diese **Sündfluth** zurückzuweisen. Ich habe das entwickelt aus der Verquickung des preußischen Officierstandes mit dem preußischen **Junkerthume,** welches **immer nur Unheil** über das preußische Volk gebracht hat, aus dieser Verquickung, welche einmal in Preußen sich eingefressen hat und welche nur gründlich beseitigt werden kann dadurch, daß man erstens die Berufsofficiere auf das nur irgend im Augenblick mögliche zu erreichende Maß reducirt und daß man zweitens ein neues Element in den Berufsofficierstand durch das **Avancement von Unterofficieren** auf Grund eines bloßen Dienstexamens einführt.

Nur durch die Anwendung dieser beiden Mittel ist die **Fäulniß,** der alte Schwamm zu beseitigen, der heute mittelst des actuellen Berufsofficiercorps auf seinen nicht umgestoßenen geschichtlichen Basen in **alle Poren** des preußischen Heerwesens eindringt.

Dem traditionellen blödsinnigen Aberglauben von dem **specifisch preußischen** Officierstande, — wie die **Junker** ihn sich geschaffen haben — diesem Aberglauben muß mit aller Energie und **ihm radical** das Genick gebrochen werden, wenn aus dem preußischen Heer und aus dem preußischen Volk etwas **werden soll.**

Nur mit Trauer und mit Bedauern konnte ich es sehen, daß

selbst Männer wie der Abgeordnete Gneist sich unter das schmäh=
liche Joch dieses Aberglaubens beugen.

Er, der wahrscheinlich nichts dagegen haben würde, wenn
ein junger talentvoller Mediziner nach dreijährigen Universitäts=
studien als practischer Arzt oder als Docent an einer Universität
aufträte, vielleicht aber gegen dieses letztere ebenso wie ich seine
Bedenken äußerte, er wäre im Stande sich dem „sachverständigen"
Urtheil eines Epaulettenträgers zu unterwerfen, dessen ganze
militärische Bildung auf der Erduldung einer viermonatlichen
Schnellpresse auf einer sogenannten mit g a n z miserabeln Lehrern
besetzten Kriegsschule beruht, — und wäre im Stande zu läugnen,
daß ein junger Jurist oder Mediziner mit einer viel vollkommneren
Vorbildung sich während eines dreijährigen Universitätsstudiums
n e b e n b e i m i n d e s t e n s d i e s e l b e n militärischen Kenntnisse
aneignen konnte.

So lange ein solcher blödsinniger Aberglaube e x i s t i r t,
ist allerdings wenig Hoffnung vorhanden, daß man zu vernünf=
tigen Resultaten gelange.

Aber w a r u m existirt der Aberglaube?

Sie wissen, Freund, daß ich seit zwölf Jahren unablässig
an seiner Ausrottung arbeite, unablässig dies blödsinnige mili=
tärische Augurenthum bekämpfe, welches weder in der Vernunft
noch in der Geschichte eine gesicherte Stelle findet.

Zuletzt werde ich wohl d u r c h d r i n g e n. Aber sicher ge=
hört dazu m e i n e Zähigkeit. Denn bisweilen sollte es wirklich
scheinen, daß bei den Leuten in Berlin die R e c h t e die sich ein
M a n n durch seine Thaten auf dem Schlachtfeld, in thatsäch=
lichen Organisationen unter den schwierigsten Umständen, durch
seinen Kampf mit dem Leben mitten in aller Verfolgung, ohne
daß ihm als Verfassungstreuen hülfreich und mit Eclat unter die
Arme gegriffen ward, durch eine schriftstellerische consequente Thä=
tigkeit, die auf der ganzen Erde nicht ihres Gleichen hat, erwor=

ben, daß alle diese Rechte verschwinden im Vergleich zu denen, die ein beliebiges blödsinniges Individuum, welches es einem andern blödsinnigen zufällig gekrönten Individuum gefällt mit dem Generaltitel zu versehen, ohne weiteres eincassirt.

Um eine wirkliche Landwehr zu haben, sagte ich in meinem Briefe, müsse man Landwehrofficiere haben, Landwehrofficiere, die nicht Bediente der Bedienten eines beliebigen junkerlich gesinnten, in allem Junkerblödsinn bis über die Ohren steckenden Königs von Preußen sind. Ich habe es in diesem Briefe gesagt, daß man diese Landwehrofficiere haben kann und wie man sie haben kann. An anderen Orten habe ich dies viel einläßlicher auseinander gesetzt.

Ich habe aber auch auseinander gesetzt, daß man in dem sogenannten stehenden Heere gleichfalls die Zahl der Berufsofficiere auf ein Minimum reduciren und auch in das sogenannte stehende Heer in möglichst großer Zahl die sogenannten „beurlaubten" Officiere einführen müsse.

Was von den Berufsofficieren gilt, das gilt auch, wenn gleich in nicht so prägnanter Weise von den Berufsunterofficieren.

Ein geschickter Taglöhner verdient in baarem Gelde ohne Mühe mehr, als man nach den preußischen Verhältnissen einem Unterofficier in der Kraft seiner Jahre jemals geben kann.

Der Kriegsminister verlangt erhöhte Besoldungen für Capitulanten und Unterofficiere. Wie sehr nun diese auch erhöht werden mögen nach den herrschenden Begriffen, mit allen diesen Erhöhungen wird der Kriegsminister nichts anderes zusammenbringen als ein schuftiges Corps versoffener Troupiers.

Sobald er aber ein Weiteres hinzufügt, oder sobald er ein Anderes einführt, stellt sich auch dies ganz anders. Das was eingeführt werden muß, zum Heil der preußischen Armee und zum Heil des preußischen Volkes ist die reglementarisch festgestellte Ernennung von Unterofficieren zu Officieren in der Armee, etwa so, daß zu dem **Drittel** (vorläufig) der erledigten Officierstellen in der Armee tüchtige Unterofficiere befördert werden **müßten**, die mindestens sechs Jahre im Dienst sind.

Mit dieser Bestimmung wird neben dem Gelde die **Ehre** eingeführt; mit dieser Bestimmung wird die blödsinnige Ansicht gebrochen, als erhebe sich oder dürfe sich erheben ein Subalternofficier **über** den Kreis des Soldaten, als **dürfe** der Lieutenant dem Unterofficier gegenüberstehn, wie der **Ritter** seinem **unterthänigen Bauern.** Mit dieser Bestimmung wird die **ganze** blödsinnige Ansicht vom preußischen Officiers **stande** vernichtet, die blödsinnige Ansicht, daß der Lieutenant dem Feldmarschall **näher** steht, als der Unterofficier dem Lieutenant, diese **sociale preußische Ansicht,** welche den Fall von 1806 zu Wege gebracht hat, ferner den allerdings noch verdunkelten **Fall von 1850 bis 1862,** der bald, wenn man nicht zu Verstand kommt, spätestens 1865 so hell strahlen wird, daß allen Preußen davon die Augen übergehen.

Die Unterofficiere, welche sechs Jahre gedient haben und dann zu **Officieren** ernannt werden, dürfen natürlich nur auf Grund eines bloßen Dienstexamens, **ohne** die blödsinnige Forderung eines wissenschaftlichen Examens, ernannt werden. Diese **wissenschaftlichen** Anforderungen sind ein Hauptverderb. Ich habe gar nichts dagegen, wenn ein solcher Unterofficier ein Gelehrter ist, der alle Gelehrten Europas aussticht. Meinetwegen. Aber er braucht das nicht zu sein, um **Lieutenant** zu werden. Durch seine Gelehrsamkeit mag er sich eine sociale Position machen, wie Alexander von Humboldt sie in Europa hatte und wie Wilhelm I., König von Preußen,

sie keineswegs haben würde, wenn er nicht zufällig König
von Preußen wäre.

Aber meinetwegen mag ein solcher auf Grund eines tüchtigen
Diensteramens zum Lieutenant beförderter Unterofficier auch nur
die wissenschaftliche Bildung haben, welche Wilhelm I., König
von Preußen hat, und mag folglich auch nur diejenige sociale
Stellung sich erwerben können, welche Wilhelm von Hohenzollern haben würde, wenn er nicht zufällig Wilhelm I.,
König von Preußen wäre.

Das ist ganz gleichgültig. Ich bin ganz unparteiisch.
Wenn Wilhelm von Hohenzollern Unterofficier
in preußischen Diensten wäre und es würde nun darüber abge-
stimmt ob er auf Grund seines Diensteramens zum Lieutenant
ernannt werden dürfte, ich würde ihm gewiß meine Stimme
geben, während viele seiner gegenwärtigen Unterthanen, in ihrem
preußischen Aberglauben das ganz gewiß nicht thäten, sobald
sie nicht mehr seine Unterthanen wären. Das ist unser ganzer
Unterschied.

In meinen Augen versteht es sich von selbst, daß Unterofficiere, die auf Grund eines bloßen Diensteramens zu Lieutenants ernannt worden wären, ganz ebenso gut Lieutenants wären
als diejenigen, welche eine sozusagen wissenschaftliche
Carrière gemacht hätten. In keiner Beziehung dürfte ein
Unterschied sein. Welche sociale Position sich ein jeder machen
will und kann, das ist lediglich seine Sache. Aber in Allem,
was den Dienst angeht, existirt kein Unterschied und darf keiner
existiren.

Daß die tüchtigen Unterofficiere, welche im stehenden
Heere zu Officieren ernannt worden sind, nach zwölfjähriger oder
längerer Dienstzeit in Civilfächer übertreten, wird kein Schade
sein. Sie bringen ja dort ihre Tüchtigkeit nur in die Landwehr mit. So wird auch diese Maßregel zu dem großen Zwecke

dienen, eine große das Berufsofficiercorps an Zahl weitaus überwiegende Anzahl von tüchtigen beurlaubten Officieren und Unterofficieren zu bilden.

Auf die beiden von mir erwähnten Maßregeln lege ich den **allerhöchsten** Werth; ohne sie kann die preußische Heeresorganisation auf den Grundlagen von 1813 **nicht** fortentwickelt werden, wie ich das in meiner Junkerbroschüre deutlich entwickelt habe.

Der Abgeordnete Gneist zeigt sich in seiner Junkerbroschüre geneigt, eine bedeutende **Vermehrung der Berufsofficiere** (oder etwas ähnlichen) und der **Berufsunterofficiere** selbst bei der Landwehr als **Compensation** für die nackte **Concession** der **zweijährigen** Dienstzeit ohne feste weitere Garantien zuzulassen. Er wird bei näherem Ueberdenken der Sachlage selbst finden, daß er sich damit auf einem verhängnißvollen Irrwege befindet.

Seit etwa zwei Jahren hat sich in allen deutschen Gauen der Gedanke Bahn gebrochen, die **militärische** Jugenderziehung auf die **Turnerei** zu pflanzen, Turnvereine haben sich daher unter dem Namen Wehrvereine in ihrer Gesammtheit oder zu beträchtlichen Theilen eine Art **militärischer Organisation** gegeben, auch militärische Vorträge haben sie sich halten lassen. Wahrlich wenn die preußische Regierung dies aufgriffe, wenn sie vorerst wenigstens an den höheren Schulen neben der **bürgerlichen** auch die **militärische Vorbildung** betriebe, würde sie in wenigen Jahren noch das mindeste Recht haben, sich über den Mangel an tüchtigen (beurlaubten) Officieren und Unterofficieren zu beklagen? Ich muß das aufs entschiedenste läugnen.

Wenn nun aber die Regierungen, wie ich es in der **Pfalz** mitangesehen habe, wie es auch in **Preußen** jetzt in Scene gesetzt wird, derartige Bestrebungen geradezu verfolgen und hindern, was muß man dann eigentlich sagen und schließen? Muß man nicht schließen, daß sie eine volksthümliche und eine billige Armee nicht **wollen**, daß sie gerade eine von ihnen für ihre mehr auf das Inland als auf das Ausland gerichteten Zwecke zurechtgemachte Armee verlangen, daß sie darauf ausgehn, neben dieser Armee jede Wehrtüchtigkeit des Volkes zu **vernichten**? Oder wer könnte etwas Anderes daraus schließen?

Ich muß also vor dem Zugeständniß der **Vermehrung der Zahl** von Berufssoldaten im preußischen Heere, vor dieser Compensation aufs allerschärfste und aus tiefster Ueberzeugung **warnen**.

Die zweite Compensation sind die **stehenden Läger, Standläger, festen Uebungsläger**.

Zunächst gestehe ich Ihnen, daß ich selbst ein großer Freund der Standläger bin und sie für höchst zweckmäßig halte, — aber unter ganz **klaren und festen Bedingungen**.

Wenn wir eine **ganz kurze Ausbildungspräsenz** annehmen, so sind die **stehenden Läger** vortrefflich. Der junge Mann, dessen Ausbildung hier in wenigen Monaten abgeschlossen werden soll, wird zweckmäßiger Weise von Allem losgerissen — für diese kurze Zeit, was ihn von seiner augenblicklichen Bestimmung und Aufgabe ablenken könnte. Die Erhaltung der Disciplin, der Dienst wird erleichtert, eine Menge unnützer Anstrengungen, die mit dem eigentlichen Dienst nichts zu thun haben, fallen weg und alle Zeit kann auf die Lösung der eigentlichen Aufgabe, der gründlichen Erlernung des Dienstes verwendet werden. Bei der kurzen Ausbildungspräsenz erscheint nun dies auch allen Theilen als eine Nothwendigkeit und an die Allotrien, wie sie in den französischen Standlägern getrieben werden, denkt kein Mensch einmal. Bei der kurzen Ausbildungspräsenz ist auch durchaus **keine Gefahr** vorhanden, daß die Truppen zu Werkzeugen einer volksfeindlichen Regierung in den Standlägern erzogen werden.

Ich brauche es nun wohl kaum noch auszuführen, daß ich die Standläger bei einer zweijährigen Ausbildungspräsenz weder für **nothwendig**, noch bei dieser, den bekannten Tendenzen der Staatsregierung und der von ihr einzig anerkannten Verbündeten, der Junker für die Volksfreiheit in **Preußen** unschädlich halten kann.

Im übrigen können dergleichen Standläger in sehr verschiedener Weise, in mehr oder minderem Umfange, mehr oder minder kostspielig hergestellt und verwaltet werden. Der **finanzielle Punkt** will also wohl erwogen sein und ich muß auch gegen die Annahme **dieser** Compensation einen Warnungsruf ergehen lassen. Höchstens dürfte diese Compensation **gewährt** werden, nachdem ihr Umfang und ihre Kosten **genau festgestellt** sind, gegen eine noch weitere Herabsetzung der Dienstzeit als die auf zwei Jahre, mindestens für alle diejenigen Leute, welche eine tüchtige körperliche (turnerische) und geistige Vorbildung (wobei aber nicht etwa das Abiturientenexamen oder eine höhere Gymnasialclasse verlangt werden darf) mitbringen.

Also die höchste Vorsicht, das höchste Mißtrauen gegen die Compensationen!

Das Land möchte es sonst erleben, daß es binnen einigen Jahren die ganze Roon'sche Heeresverfassung mit **allen** ihren Fehlern und Schädlichkeiten und **obendrein** noch die beschwerenden Compensationen auf dem Leib habe.

So eben habe ich noch wieder den „Bericht der Budget-Commission über den Etat der Militär-Verwaltung für das Jahr 1862" genau durchgesehn und ich kann nicht daran zweifeln, daß im Abgeordnetenhause alle meine Vorschläge ebenso wie im ganzen Lande (außer bei den Loyalitätsdeputationen, deren Fracks Klabberadatsch jetzt beständig verherrlichen muß) ungetheilte Zustimmung finden werden.

Ebenso überzeugt bin ich aber auch, daß, wenn die Staatsregierung diese Vermittelungsvorschläge **von der Hand** weiset, im **ganzen Volk** sich die Ueberzeugung feststellen wird, die Staatsregierung wolle **kein starkes Heer gegen außen**, sondern ein Junkerheer gegen das **eigne Volk**, daß Niemand ihr mehr glauben wird, wenn sie **noch so sehr** andere Behauptungen aufstellt.

Um nun eine klare Ueberſicht zu gewähren über meine Vor=
ſchläge und um manches in denſelben noch präciſer auszubrücken,
faſſe ich ſie hier zum Schluſſe dieſer Reihe von Briefen noch ein=
mal zuſammen:

1) Die Dienſtpflicht für das ſtehende Heer iſt **fünf Jahre**
— bis zum 25. Lebensjahre — wovon **zwei Jahre** bei der
Fahne, drei Jahre in der Kriegsreſerve.

2) Eine weitere Herabſetzung der Dienſtzeit bei der Fahne
(Ausbildungspräſenz) wird angeſtrebt mindeſtens für **diejeni=
gen**, welche eine tüchtige **geiſtige** und **körperliche** Vorbildung
mitbringen. Erreicht die Zahl dieſer Leute eine beträchtliche Höhe,
ſo kann

a) ein Theil der erſparten Koſten auf die Anlegung von
Standlägern nach geſetzlicher Feſtſtellung verwendet werden;

b) können ſtatt der 63,000 Mann, die gegenwärtig jährlich
ausgehoben werden dürfen, je 5000, 10,000 ꝛc. M. mehr mit
Bewilligung der Geſetzgebung **ausgehoben** werden.

3) Unter Zugrundelegung der **Roon'ſchen** Organiſation
für das **Linienheer** wird dieſelbe dergeſtalt definitiv geregelt,
daß bei der Infanterie je zwei Regimenter unter Aufhebung des
Regimentsverbandes in eine Brigade zuſammengezogen, und
daß aus den 6 Roon'ſchen Bataillonen je **vier** neue mit
510 M. Stärke an auszubildender Mannſchaft formirt werden.
Eine analoge Reduction der Zahl der tactiſchen Einheiten findet
gegen die factiſch, nicht rechtlich, beſtehende Organiſation bei
den andern Waffen ſtatt.

4) Es wird mit allen Kräften darauf hingearbeitet, die
Zahl der Berufsofficiere in dem Linienheer auf das Mi=
nimum zu **reduciren** und zwar hauptſächlich durch Heranbil=
dung von tüchtigen **beurlaubten Officieren**, indem an den
höheren bürgerlichen Lehranſtalten neben dem durch **Wehr=
übungen** gekrönten **Turnen** auch ein zweckmäßig bemeſſener
militärwiſſenſchaftlicher Unterricht eingeführt wird, für welche ein
Theil der bedeutenden Erſparniſſe am Etat für das **Linienheer**
dem Etat für das **Unterrichtsweſen** zugewieſen wird; indem
ferner den **beurlaubten** Officieren ebenſo wie den im beſtän=
digen Dienſt befindlichen **Berufsofficieren** zu den höchſten

Stellen der militärischen Hierarchie unter gewissen gesetzlich festzustellenden Modificationen Avancement eröffnet wird.

5) Durch das **gleiche Mittel** wird auch eine ausreichende Zahl von tüchtigen **beurlaubten Unterofficieren** gewonnen; um auch tüchtige Berufsunterofficiere zu gewinnen, wird festgestellt, daß der dritte Theil aller erledigten **Subalternofficierstellen mit Unterofficieren**, die mindestens 6 Jahre als Soldaten und Unterofficiere gedient haben, auf Grund eines bloßen Diensteramens (im Gegensatz zu einem wissenschaftlichen) besetzt werden **muß**.

6) Die **Landwehr ersten Aufgebots** bildet eine **Reserve des Linienheeres**. Die Verpflichtung zum Dienst in der Landwehr ersten Aufgebots dauert 6 Jahre vom 25. bis zum 31. Die Landwehrinfanterie ersten Aufgebots hat **ebensoviel** Bataillone, wie das Linienheer, jedoch jedes **nur zu 800 M.** Die Landwehrcavallerie ersten Aufgebots hat nur halb so viel Schwadronen als die der Linie.

Dadurch, daß die Landwehrbataillone nur zu 800 M. angenommen und die Landwehrpflicht im ersten Aufgebot auf 6 Jahre vertheilt ist, ist dem Umstand Rechnung getragen, daß in den **älteren** Jahresclassen ein immer **größerer Abgang** durch Tod, wegen Unabkömmlichkeit ꝛc. eintritt. Die **Landwehr ersten Aufgebots** ist daher in dieser Beziehung zu der Linie in das Verhältniß = 3 : 2 gestellt. D. h. der berechnete Vorrath für ein Landwehrbataillon beträgt $1\frac{1}{2}$ mal soviel als der für ein Linienbataillon.

Wenn allmälig die Dienstzeit erheblich **verkürzt** wird, insbesondere für die mit körperlicher und geistiger Vorbildung eintretenden Jünglinge, wenn nun entsprechend in jedem Jahre mehr Recruten in die Ausbildungspräsenz bei der Linie gezogen und so immer mehr eine Annäherung an die wirkliche Ausübung der allgemeinen Wehrpflicht erzielt wird, so steigert sich natürlich der disponible Vorrath an ausgebildeter Mannschaft für jeden Truppentheil der Linie und der Landwehr, so daß eine **größere Auswahl** im Kriegsfall statthaft ist. Es vermindert sich aber auch freilich die Anzahl der gänzlich, durch bloße Zurückstellung vom Dienst **befreiten Männer**. Einleuchtender Weise bleibt der practische Vortheil immer zu Gunsten der gesteigerten Zahl der ausgebildeten Mannschaft.

7) Die Verpflichtung zum Dienst in der **Landwehr zweiten Aufgebots** geht bis zum vollendeten 36. Lebensjahre. Die Landwehr **zweiten Aufgebots** bildet nur **halb** soviel Bataillone von 800 M. als die Landwehr **ersten Aufgebots** oder die **Linie**.

8) für die Landwehr **beider Aufgebote** bestehen im Frieden nur schwache, besoldete Verwaltungsstämme, wie in den dreißiger Jahren. Für die Heranbildung von Landwehrofficieren und Landwehrunterofficieren wird durch die für die **beurlaubten** Officiere überhaupt vorgeschlagenen Mittel und durch die Eröffnung der Beförderung für sie bis in die höchsten Stellen der militärischen Hierarchie hinauf gesorgt.

Nicht einmal von einem beschränkt **militärischen** — höchstens von dem **junkerlichen** Standpunkt aus — wird man es leugnen können, daß die preußische Armee auf dieser Basis eine quantitativ wie qualitativ größere Stärke erhalten würde als sie vor 1859, als sie auch nach der **Roon'schen** Reorganisation von 1860 hat, daß sie diese Stärke erhält mit nicht **mehr** — möglicherweise mit etwas **weniger** — Kosten als vor 1860 oder 1859 und daß diese Basen der Organisation zu gleicher Zeit die Keime eines **gesunden** und **zeitgemäßen Fortschrittes** in der Heeresorganisation enthalten.

Sollte die Staatsregierung auf eine vernünftige Vermittlung auf diesem Standpunkt und auf dieser Grundlage hartnäckig nicht eingehen wollen, so bleibt natürlich dem Volke und seinem Abgeordnetenhause nichts anderes bis auf weiteres übrig, als einfach und beharrlich **alle** Gelder zu versagen, die zur Aufrechterhaltung der **ungesetzlichen** Roon'schen Organisation nothwendig sind.

Und dies wird dann geschehen.

So hinterlasse ich Ihnen denn bei meiner Abreise nach Italien diese Blätter als ein Testament, dessen Vollstreckung ich möglicher Weise dort erleben werde. Auf Wiedersehn!

Druck von Otto Wigand in Leipzig.